LOS HOMBRES QUE MIRAN FIJAMENTE A LAS CABRAS

LOS HOMBRES QUE MIRAN FIJAMENTE A LAS CABRAS

JON RONSON

Traducción de Carlos Abreu

EDICIONES B
GRUPO ZETA

Barcelona • Bogotá • Buenos Aires • Caracas • Madrid • México D.F. • Montevideo • Quito • Santiago de Chile

Título original: *The Men Who Stare at Goats*

Traducción: Carlos Abreu

1.ª edición: enero 2010

© Jon Ronson Ltd., 2004
© Ediciones B, S. A., 2010
    Bailén, 84 - 08009 Barcelona (España)
    www.edicionesb.com

Printed in Spain
ISBN: 978-84-666-4244-6
Depósito legal: B. 39.939-2009

Impreso por LIMPERGRAF, S.L.
Mogoda, 29-31 Polígon Can Salvatella
08210 - Barberà del Vallès (Barcelona)

*Para John Sergeant y también
para el general Stubblebine*

1

El general

Ésta es una historia real. Corre el verano de 1983. El general de división Albert Stubblebine III está sentado al escritorio de su despacho en Arlington, Virginia, contemplando la pared, en la que están colgadas sus numerosas condecoraciones militares, que testimonian una carrera larga y distinguida. Es el jefe del servicio de inteligencia de las fuerzas armadas de Estados Unidos, y tiene a 16.000 soldados bajo su mando. Controla las secciones de inteligencia de señales, fotográfica y técnica del ejército, así como sus numerosas unidades encubiertas de contraespionaje y sus unidades secretas de espionaje militar repartidas por todo el mundo. También estaría al cargo de los interrogatorios a los prisioneros de guerra, de no ser porque estamos en 1983 y la guerra que se está librando es fría, no caliente.

Su vista pasa de las condecoraciones a la pared en sí. Hay algo que se considera obligado a hacer, aunque la mera idea lo asusta. Piensa en la decisión que debe tomar. Puede quedarse en su despacho o entrar en el contiguo.

Éstas son sus alternativas. Y ya se ha decantado por una.

Va a entrar en el despacho contiguo.

El general Stubblebine se parece mucho a Lee Marvin. De hecho, entre todos los miembros de la inteligencia militar está muy extendido el rumor de que es el gemelo univitelino de Lee Marvin. Tiene el rostro irregular e inusualmente inmóvil, como la fotografía aérea de un terreno montañoso sacada desde uno de sus aviones espía. Es como si sus ojos, inquietos pero llenos de bondad, fueran la única parte expresiva de su cara.

En realidad, no tiene ni un parentesco remoto con Lee Marvin. Le gusta el rumor, porque un halo de misterio puede venir bien para hacer carrera en el mundo del espionaje. Su trabajo consiste en estudiar la información secreta obtenida por sus soldados y comunicar sus conclusiones al subdirector de la CIA y al jefe del estado mayor del ejército, quien a su vez debe transmitirlas a la Casa Blanca. Da órdenes a soldados destinados en Panamá, Japón, Hawai y diversos países de Europa. Dadas sus enormes responsabilidades, él sabe que debería tener a su lado a su hombre de confianza por si algo sale mal durante su viaje al despacho contiguo.

Aun así, no manda llamar a su ayudante, el suboficial mayor George Howell. Ha decidido que esto es algo que debe hacer solo.

«¿Estoy listo? —se pregunta—. Sí, estoy listo.»

Se pone de pie, sale de detrás de su escritorio y empieza a caminar.

«Después de todo —piensa—, ¿de qué está hecho principalmente el átomo? ¡De espacio vacío!»

Acelera el paso.

«¿De qué estoy yo hecho, sobre todo? —se dice—. ¡De átomos!»

Ahora casi está trotando.

«¿De qué está hecha principalmente la pared? —se pregunta—. ¡De átomos! Lo único que tengo que hacer es fusionar los espacios. La pared es una ilusión. ¿Qué es el destino? ¿Estoy destinado a quedarme en esta habitación? ¡Ja, de eso nada!»

Entonces el general Stubblebine se da de narices contra la pared de su despacho.

«Maldición», piensa.

El general Stubblebine se siente frustrado por el fracaso de todos sus intentos de atravesar la pared. ¿Qué problema tiene que le impide conseguirlo? Quizá su lista de asuntos pendientes es demasiado larga para alcanzar el grado de concentración necesario. No le cabe la menor duda de que la capacidad de atravesar objetos llegará a ser algún día un arma habitual en el arsenal de los servicios de inteligencia. Y cuando eso ocurra, bueno..., ¿es demasiado ingenuo suponer que nos encontraremos en los albores de un mundo libre de guerras? ¿Quién sería tan gilipollas como para enfrentarse a un ejército capaz de hacer eso? El general Stubblebine, como muchos de sus coetáneos, sigue profundamente afectado por sus recuerdos de Vietnam.

Esos poderes son alcanzables; la única pregunta es ¿quién puede alcanzarlos? ¿Qué militares están preparados para lograr algo así? ¿Qué sección del ejército está entrenada para desarrollar al máximo sus capacidades físicas y mentales?

Y entonces la respuesta le viene a la mente.

«¡Las Fuerzas Especiales!»

Es por eso por lo que, a finales del verano de 1983, el general Stubblebine vuela a Fort Bragg, en Carolina del Norte.

Fort Bragg es enorme; una ciudad custodiada por soldados armados, con un centro comercial, un cine, restaurantes, campos de golf, hoteles, piscinas, centros de equitación y viviendas para 45.000 militares y sus familias. El coche del general pasa frente a estos lugares camino del centro de mando de las Fuerzas Especiales. El que trae entre manos no es un tema que se deba abordar en el comedor del cuartel. Es algo que compete exclusivamente a las Fuerzas Especiales. Aun así, tiene miedo. ¿Qué está a punto de desencadenar?

Una vez en el centro de mando de las Fuerzas Especiales, el general decide empezar su exposición de forma sutil.

—He venido hasta aquí porque tengo una idea —anuncia. Los oficiales de las Fuerzas Especiales asienten con la cabeza, y él prosigue—: Si tenéis una unidad que opera lejos de la protección de las demás, ¿qué ocurre si alguien sufre algún daño? —pregunta—. ¿Qué pasa si alguien resulta herido? ¿Cómo se afronta esta situación? —Pasea la vista por los semblantes perplejos de la sala—. ¡Con la sanación psíquica! —exclama.

Se impone el silencio.

—De lo que estamos hablando es de esto —continúa el general, apuntándose a la cabeza con el dedo—. Si utilizas la mente para sanar, es probable que tú y tu equipo podáis salir vivos e ilesos, sin tener que dejar a nadie atrás. —Hace una pausa y añade—: ¡Se puede proteger la estructura de la unidad por medio de los toques terapéuticos con y sin contacto!

Los oficiales de las Fuerzas Especiales no parecen especialmente interesados en la sanación psíquica.

—De acuerdo —dice el general Stubblebine, que no esperaba un recibimiento tan gélido—. ¿No sería genial poder enseñarle a alguien a hacer esto?

El general Stubblebine revuelve en su bolsa y, con ademán de ilusionista, saca unos cubiertos doblados.

—¿Qué les parecería ser capaces de hacer esto? —pregunta el general Stubblebine—. ¿Estarían interesados?

Se impone el silencio.

El general Stubblebine nota que ha empezado a tartamudear ligeramente. «Me miran como si estuviera chiflado —piensa—. No estoy presentando esto de forma correcta.»

Echa un vistazo ansioso al reloj.

—¡Hablemos del tiempo! —dice—. ¿Qué pasaría si el tiempo no fuera un instante, si el tiempo tuviera un eje X, un eje Y y un eje Z? ¿Y si el tiempo no fuera un punto, sino un espacio? ¡En un momento determinado podríamos estar en cualquier parte de ese espacio! El espacio ¿está confinado al techo de esta habitación, o mide treinta millones de kilómetros? —El general suelta una carcajada—. ¡A los físicos les chifla cuando digo esto!

Silencio. Vuelve a intentarlo.

—¡Animales! —exclama el general Stubblebine.

Los oficiales de las Fuerzas Especiales intercambian miradas.

—Hacer que el corazón de un animal deje de latir —prosigue—. Hacer que le reviente el corazón. Ésta es la idea en la que estoy trabajando. Ustedes tienen acceso a animales, ¿verdad?

—Pues... —titubean los de las Fuerzas Especiales— la verdad es que no.

El viaje del general Stubblebine a Fort Bragg fue un desastre. Todavía se ruboriza cuando piensa en ello. Acabó por acogerse a la jubilación anticipada en 1984. En la actualidad, el dossier de prensa que resume la historia oficial de la inteligencia militar pasa de puntillas por el período de Stubblebine, 1981-1984, casi como si no hubiera existido.

De hecho, todo lo que ha leído usted hasta este punto ha sido un secreto militar durante las últimas dos décadas. Los intentos infructuosos del general Stubblebine de atravesar la pared y su aparentemente inútil visita a Fort Bragg no salieron a la luz sino hasta el momento en que él me habló de ello en la habitación 403 del Hilton de Tarrytown, en el norte del estado de Nueva York, un frío día de invierno, cuando hacía más de dos años que se había declarado la guerra contra el terrorismo.

—Para serle sincero, Jon —me dijo—, prácticamente he borrado de mi mente el resto de la conversación que mantuve con los de las Fuerzas Especiales. Oh, sí. Lo he erradicado de mi mente. Me marché. Me fui con el rabo entre las piernas. —Hizo una pausa, contemplando la pared—. Verá —continuó—, realmente creía que eran unas ideas magníficas. Lo sigo creyendo. Lo que pasa es que no he descubierto la manera de hacer pasar mi espacio a través de ese espacio. Me daba golpes en la nariz continuamente. No podía... No, ésa no es la forma adecuada de expresarlo. Nunca logré alcanzar el estado mental necesario. —Suspiró—. Si quiere que le diga la verdad, eso ha sido una gran desilusión para mí. También la levitación.

Cuando vivía en Arlington, Virginia, había noches en que, después de que Geraldine, su primera esposa, se iba a dormir, él se tumbaba en la moqueta de la sala e intentaba levitar.

—Fracasé estrepitosamente. No podía levantar mi gordo culo del suelo, con perdón. Pero sigo pensando que era una gran idea. ¿Y sabe por qué?

—¿Por qué? —pregunté.

—Porque en el mundo de la información secreta uno no puede permitirse el lujo de estancarse. ¿No me cree? Piense en los terroristas que fueron a academias de vuelo para aprender a despegar pero no a aterrizar. ¿Cómo pudo pasarse por alto esa información? Cuando se trata de inteligencia, no se te debe escapar ni un detalle.

Había algo relativo al viaje del general a Fort Bragg que ninguno de los dos sabíamos el día que me entrevisté con él. Se trata de un dato que pronto me llevaría a descubrir el que sin duda es uno de los recovecos más estrambóticos de la guerra contra el terrorismo de George W. Bush.

Lo que el general no sabía —pues las Fuerzas Especiales no se lo habían revelado— era que, en realidad, sus ideas les habían parecido excelentes. De hecho, cuando él les expuso su plan para reventar clandestinamente corazones de animales y ellos le replicaron que no tenían acceso a animales, le estaban ocultando que había cien cabras en un cobertizo a unos pocos metros de allí.

Sólo unos pocos privilegiados dentro de las Fuerzas Especiales sabían de la existencia de estas cien cabras. A la condición encubierta de las cabras contribuía el hecho de que las habían *desbalado*; permanecían ahí, de pie, abriendo y cerrando la boca, sin que de ella saliera un solo balido. Muchas de ellas llevaban, además, las patas escayoladas.

Ésta es la historia de esas cabras.

2

Labo Cabras

Fue Uri Geller quien me proporcionó la pista que me llevaría hasta las cabras. Me reuní con él en la terraza de la azotea de un restaurante céntrico de Londres a principios de octubre de 2001, cuando la guerra contra el terrorismo llevaba menos de un mes en marcha. Hacía tiempo que corría el rumor (propagado, todo hay que decirlo, por el propio Uri) de que en los primeros años de la década de 1970 él había sido un espía psíquico que trabajaba en secreto para el servicio de inteligencia de Estados Unidos. Mucha gente ha puesto en duda esta historia; el *Sunday Times* la calificó de «afirmación inverosímil», alegando que Uri Geller estaba pirado, y en cambio los responsables del servicio secreto no. A mi modo de ver, la verdad está en una de las siguientes cuatro posibilidades:

1. Sencillamente nada de eso ocurrió.
2. Un par de renegados locos de las altas esferas de la comunidad de inteligencia de Estados Unidos contrató a Uri Geller.

3. El servicio de inteligencia de Estados Unidos es depositario de secretos increíbles, que se nos ocultan por nuestro bien; uno de esos secretos es que Uri Geller posee poderes psíquicos que se utilizaron durante la guerra fría. Pero ellos confiaron en que él no andaría por ahí contándoselo a todo el mundo.
4. La comunidad de inteligencia de Estados Unidos estaba en ese entonces como una cabra.

En el restaurante, Uri apenas hablaba. Llevaba unas grandes gafas de espejo envolventes. Su cuñado Shipi se mostraba igual de poco comunicativo, y la situación resultaba más bien incómoda. Me había entrevistado anteriormente con ellos una o dos veces y me habían parecido personas contagiosamente entusiastas, pero aquel día el entusiasmo brillaba por su ausencia.

—Bueno —dije—, empecemos. ¿Cómo llegaste a ser espía psíquico para el gobierno norteamericano?

Se produjo un largo silencio.

—No quiero hablar de ello —murmuró Uri.

Tomó un sorbo de su agua mineral y le echó una mirada a Shipi.

—Uri —dije—, ¿qué te pasa? Hablas de ello muy a menudo.

—No, no es cierto —repuso.

—¡Sí que lo es! —insistí.

En las dos semanas que llevaba documentándome sobre esto, ya había recopilado un buen fajo de papeles con las declaraciones sobre sus días como espía psíquico hechas durante los años ochenta y noventa a periodistas que luego añadían comentarios sarcásticos. Prácticamente todos los artículos seguían el mismo razonamiento: los servicios de inteligencia no harían una cosa así. Había una

renuencia casi desesperada a dar crédito a las palabras de
Uri, o incluso a hacer algunas llamadas para confirmarlo
o desmentirlo. Pese a nuestro agudo cinismo, por lo visto aún atribuíamos a los servicios de inteligencia cierto
rigor y una metodología científica. Los pocos periodistas
que tácitamente habían dado por buenos los testimonios
de Uri expresaban su alivio por el hecho de que todo
eso hubiera sucedido hacía mucho tiempo, en la década
de 1970.

—Nunca hablo de ello —aseguró Uri.

—Le hablaste de ello al *Financial Times* —señalé—.
Declaraste que habías llevado a cabo una intensa labor
psíquica para la CIA en México.

Uri se encogió de hombros.

Un avión pasó volando bajo y todos los que estaban
en la terraza dejaron de comer por unos instantes y alza-
ron la vista. Desde el 11-S, John Ashcroft, el fiscal general, había estado lanzando advertencias sobre atentados
terroristas inminentes contra bancos, bloques de pisos,
hoteles, restaurantes y tiendas en Estados Unidos. En
cierta ocasión, el presidente Bush anunció que no podía
decir «nada en absoluto» sobre un posible cataclismo que
se avecinaba. Otras alertas igual de imprecisas se estaban
produciendo en Londres. Entonces, de pronto, Uri se
quitó las gafas de sol y me miró directamente a los ojos.

—Si difundes lo que voy a decirte —me previno—, lo
negaré.

—Vale —contesté.

—Será tu palabra contra la mía —dijo Uri.

—Vale —contesté.

Uri acercó su silla a la mía y echó un vistazo en torno
a sí.

—Ya no es cosa del pasado.

—¿Perdona? —dije.

—He sido reactivado —afirmó Uri.

—¿Qué? —dije.

Me volví hacia Shipi, que asintió con solemnidad.

—No habrás sido tú quien puso sobre aviso a John Ashcroft respecto a los hoteles, los bancos y los bloques de pisos, ¿verdad?

—No pienso decir una palabra más —respondió Uri.

—Uri —supliqué—, por favor, dame algo a lo que agarrarme. Dime al menos una cosa más.

Uri suspiró.

—Está bien —dijo—. Te contaré sólo una cosa más. El hombre que me ha reactivado... —hizo una pausa y después añadió—: se llama Ron.

Y eso fue todo. No he vuelto a hablar con Uri desde entonces. No me ha devuelto las llamadas. Se negó a revelar nada más acerca de Ron. ¿Trabajaba Ron para el FBI? ¿Para la CIA, Inteligencia Militar o Seguridad Nacional? ¿Pertenecía Ron al MI5? ¿Al MI6? ¿Desempeñaba Uri Geller un papel en la guerra contra el terrorismo?

Hice un avance más o menos importante en mi investigación un año después, en un hotel de Las Vegas, al entrevistar a uno de los ex espías militares del general Stubblebine, el sargento Lyn Buchanan.

—Según Uri Geller —dije—, el hombre que lo reactivó se llama Ron.

El sargento Buchanan se quedó callado por un momento. Luego asintió enigmáticamente y dijo:

—Ah, Ron. Sí, conozco a Ron.

Pero no me proporcionó ningún otro detalle sobre él.

El general Stubblebine tampoco quiso hablar de Ron.

—Los condenados espías psíquicos podrían mantener

su maldita boca cerrada —dijo—, en vez de ir por ahí rajando sobre lo que hicieron.

Pocas semanas después de mi entrevista con Uri, descubrí que el general había estado al mando de una unidad militar secreta de espionaje psíquico entre 1981 y 1984. Por el nombre parecía algo mucho más glamuroso de lo que era en realidad, comentó él. Se trataba, en esencia, de media docena de soldados que se pasaban el día sentados dentro de un edificio de madera muy bien custodiado y declarado ruinoso en Fort Meade, Maryland, intentando usar sus poderes psíquicos. Oficialmente, la unidad no existía. Estas personas con habilidades paranormales participaban en lo que en el argot militar se conoce como una «operación negra». Puesto que «no existían», les estaba vedado el acceso al presupuesto para café del ejército estadounidense. Esto les había provocado cierto resentimiento. Varios estuvieron allí metidos, intentando poner en práctica sus poderes psíquicos, desde 1978 hasta 1995. De cuando en cuando, alguno se moría o se volvía loco de remate, y entonces un nuevo soldado psíquico llegaba para cubrir la baja. Cuando uno de ellos tenía una visión —de un barco de guerra ruso, o de un suceso futuro—, la dibujaba, y los bosquejos pasaban de mano en mano, subiendo por la cadena de mando.

Y de pronto, en 1995, la CIA los disolvió.

Desde entonces, muchos de los soldados psíquicos han publicado sus autobiografías, como *The Seventh Sense: The Secrets of Remote Viewing as Told by a «Psychic Spy» for the U.S. Military* [El séptimo sentido: los secretos de la visión remota desvelados por un «espía psíquico» al servicio del ejército de EE.UU.], por Lyn Buchanan.

—Todo el mundo tiene prisa por estar en el candelero —farfulló el general Stubblebine—. Le retorcería el pescuezo a más de uno.

Y eso fue todo lo que el general tenía que decir sobre los espías psíquicos.

—¿Vuelven a estar operativos? —le pregunté.

—Eso espero —respondió.

—¿Era Uri Geller uno de sus hombres? —inquirí.

—No —contestó—, pero ojalá lo hubiera sido. Soy un gran admirador suyo.

Mi peregrinaje en busca de Ron me llevó hasta Hawai, a una casa situada entre Honolulú y Pearl Harbor en la que vivía el brigada retirado —y ex espía psíquico de las Fuerzas Especiales— Glenn Wheaton. Glenn era un hombretón con cabello rojo abundante pero muy corto y un bigote en forma de manillar característico de los veteranos de Vietnam. Mi plan era hacerle preguntas sobre su época de espía psíquico y luego tocar de refilón el tema de Ron, pero desde el momento en que me senté, la conversación tomó un rumbo totalmente inesperado.

Glenn se inclinó hacia delante en su silla.

—Usted ha ido de la puerta principal a la puerta trasera. ¿Cuántas sillas hay en mi casa?

Hubo un silencio.

—Seguro que no puede decirme cuántas sillas hay en mi casa —insistió Glenn.

Empecé a mirar en derredor.

—Un supersoldado no tendría que mirar —aseguró—. Lo sabría sin más.

—¿Un supersoldado? —pregunté.

—Un supersoldado —dijo Glenn—. Un guerrero Jedi. Él sabría dónde están todas las lámparas y todos los enchufes. La mayoría de las personas son muy poco observadoras. No tienen la menor idea de lo que pasa alrededor de ellas.

—¿Qué es un guerrero Jedi? —quise saber.

—Tiene a uno delante —respondió Glenn.

Me contó que a mediados de los ochenta, las Fuerzas Especiales planificaron un programa secreto, con el nombre en clave de Proyecto Jedi, a fin de crear supersoldados, es decir, soldados con superpoderes. Uno de estos poderes era la facultad de entrar en una habitación y ser consciente al instante de cada detalle; ése era el primer nivel.

—¿Cuál era el nivel inmediatamente superior? —pregunté.

—El segundo —contestó—. La intuición. ¿Es posible desarrollar un sistema para tomar decisiones correctas? Alguien se te acerca corriendo y dice: «Hay una bifurcación en el camino. ¿Hacia dónde hay que ir, hacia la izquierda o hacia la derecha?» Y entonces tú haces así —Glenn chascó los dedos— y dices: «¡Vayamos por la derecha!»

—¿Y cuál era el nivel siguiente? —inquirí.

—La invisibilidad —dijo Glenn.

—¿La invisibilidad real?

—Al principio, sí —respondió Glenn—, pero con el tiempo el objetivo pasó a ser encontrar el modo de no ser vistos.

—¿Y por qué medios? —pregunté.

—Al comprender el vínculo entre observación y realidad, aprendes a danzar con la invisibilidad —me explicó Glenn—. Si nadie te está observando, eres invisible. Sólo existes mientras alguien te vea.

—¿O sea que es algo así como el camuflaje? —dije.

—No —suspiró Glenn.

—¿Y a usted se le daba bien la invisibilidad?

—Bueno —dijo Glenn—, soy pelirrojo de ojos azules, así que la gente tiende a acordarse de mí, pero me apaño. Sigo vivo.

—¿Qué nivel hay por encima del de la invisibilidad?

—Pues... —titubeó Glenn. Hizo una pausa y a continuación dijo—: Teníamos a un sargento mayor que podía provocarle un paro cardíaco a una cabra.

Se impuso el silencio. Glenn arqueó una ceja.

—Con sólo... —dije.

—Con sólo desear que el corazón de la cabra se parase —dijo Glenn.

—Eso es un salto considerable —comenté.

—Así es —convino Glenn.

—¿Y de verdad hizo que el corazón de la cabra dejara de latir? —inquirí.

—Sí, al menos una vez —contestó Glenn.

—Ah —murmuré. No supe cómo responder a esto.

—Pero no es un terreno en el que convenga...

—... adentrarse —dije.

—Exacto —asintió Glenn—. No es un terreno en el que convenga adentrarse, porque, tal como demostró la evaluación, el hombre incluso se había hecho daño a sí mismo.

—Ah —murmuré de nuevo.

—Una lesión simpática —precisó Glenn.

—Entonces ¿no es que la cabra lanzase un contraataque psíquico? —pregunté.

—La cabra no tenía la menor oportunidad —aseguró Glenn.

—¿Dónde ocurrió eso? —quise saber.

—En Fort Bragg —dijo—, en un sitio llamado Goat Lab, laboratorio de cabras.

Y así comenzó el relato de Glenn.

Labo Cabras, que hasta la fecha sigue en funcionamiento, es una instalación secreta. La mayoría de los soldados que viven y trabajan en Fort Bragg ni siquiera sabe de su existencia. Los miembros del personal militar que no están en el ajo, explicó Glenn, suponen que los destartalados pabellones hospitalarios de madera que databan de la segunda guerra mundial, situados en un camino sin asfaltar en una zona boscosa e inculta, están abandonados. En realidad, albergan a cien cabras *desbaladas*.

Dichas bestias no fueron conducidas de forma encubierta hasta esos edificios sólo para que los guerreros Jedi pudieran quedarse mirándolas. Labo Cabras se creó originalmente como unas instalaciones clandestinas donde los soldados de las Fuerzas Especiales pudieran realizar prácticas de cirugía. Durante esta fase más convencional de la vida de las cabras, hicieron pasar a cada una de ellas por una pesada puerta insonorizada de acero al interior de un búnker para herirle la pata con una pistola de clavija perforadora. Luego unos reclutas de las Fuerzas Especiales se llevaban a toda prisa a la cabra a un quirófano, la anestesiaban, curaban la herida y cuidaban de ella hasta que se recuperaba. Antes Labo Cabras era conocido como Labo Perros, pero resultó que nadie quería hacer todas esas cosas con perros, de modo que los cambiaron por cabras. Por lo visto, algunas autoridades de las Fuerzas Especiales llegaron a la conclusión de que era prácticamente imposible establecer lazos emocionales con una cabra. De hecho, según la organización de defensa de los animales PETA, las cabras componen un porcentaje bastante elevado del cerca de un millón de animales que se calcula que han sido víctimas de experimentos secretos del ejército norteamericano. La mayor parte de las actividades militares relacionadas con cabras sigue siendo información clasificada, pero de vez en cuando se filtra algún detalle. Cuando se hizo detonar una bomba atómica en el cielo cerca del atolón Bikini en el Pacífico Sur en 1946, por ejemplo, la mayoría de los 4.000 animales enviados por los militares a navegar bajo la explosión en un barco conocido como el Arca Atómica eran cabras. Querían ver qué efecto tenía sobre ellas la lluvia radiactiva. No salieron muy bien paradas. Por otro lado, en la actualidad, varios miles de cabras, en una base aérea de Estados Unidos, están siendo transformadas en un extraño híbrido de cabra y araña. «La seda de araña es un biomaterial muy preciado que no ha estado al alcance de la humanidad simplemente porque, hasta ahora, sólo las arañas la fabricaban —le ha explicado un portavoz de la fuerza aérea al noticiario de la CBC de Canadá—. Una vez que un gen procedente de la célula de una araña pasa a formar parte de la constitución genética de la cabra, ésta producirá seda de araña a bajo coste y de forma sumamente rentable durante muchos años. La magia está en su leche. A partir de un solo gramo se podrán obtener miles de metros de hilo de seda con los que podrán tejerse chalecos antibalas para los soldados del mañana.»

Y ahora estaban las actividades que se llevaban a cabo en el Labo Cabras: los *desbalamientos*, los disparos con pistola de clavija y demás. Me preguntaba si todo esto bastaría para explicar cómo un sargento mayor había conseguido matar una cabra con sólo mirarla. Tal vez el estado de salud del animal ya era algo delicado antes de que él se aplicase a la tarea: algunas cabras se estaban recuperando de amputaciones, mientras que a otras las habían abierto para examinarles el corazón y los riñones antes de coserlas. Incluso las bestias más afortunadas

—las que sólo habían recibido un disparo— seguramente cojeaban de un lado a otro de Labo Cabras en un silencio escalofriante, con las patas escayoladas. ¿Es posible que el sargento mayor mirase fijamente a una cabra enfermiza? Glenn Wheaton aseguró no recordar nada acerca de la salud de la cabra en cuestión.

—¿Cómo es que el sargento mayor enfermó tras parar el corazón del animal?

—Al generar suficiente energía —respondió Glenn—, suficiente fuerza de voluntad para hacerle daño a la cabra, se hizo daño a sí mismo. Todo tiene un precio, ¿sabe? Al final, lo acabas pagando.

—¿Qué parte de su cuerpo resultó dañada? —inquirí.

—Su corazón.

—Ah —murmuré.

Se produjo un silencio.

—¿Y usted? ¿Puede usted provocarle un paro cardíaco a una cabra? —le pregunté a Glenn.

—¡No! —contestó Glenn, sobresaltado—. ¡No! ¡No, no, no! —Miró en torno a sí, como si temiera que la pregunta por sí sola lo implicase en aquel acto y lo enemistase con alguna fuerza espiritual invisible.

—¿Se refiere a que no desea hacerlo? —insistí—. ¿Posee usted la facultad de parar el corazón de una cabra?

—No —dijo Glenn—. No creo tener la facultad de parar el corazón de una cabra. Creo que si alguien lograse entrenarse hasta llegar a ese nivel, tendría que plantearse: «¿Qué mal me ha hecho la cabra? ¿Por qué esa cabra y no otra?»

—Entonces ¿quién alcanzó ese nivel? —pregunté—. ¿Quién era el sargento mayor?

—El sargento mayor —dijo Glenn— se llamaba Michael Echanis.

Y eso, agregó, era todo lo que sabía sobre Labo Cabras.

—Glenn —dije—, lo de mirar fijamente a las cabras ¿se ha retomado después del 11 de Septiembre?

Glenn exhaló un suspiro.

—Me he salido del ejército —respondió—. Estoy fuera de circulación. No sé más que usted. Si yo llamara a los de las Fuerzas Especiales, ellos dirían lo mismo que si usted los telefoneara.

—¿Y qué es lo que dirían?

—Ni lo confirmarían ni lo desmentirían. La existencia en sí de las cabras es alto secreto. Ni siquiera reconocerían tener cabras.

Más tarde me enteré de que éste era el motivo por el que las *desbalaban*. No lo hacían porque a los soldados de las Fuerzas Especiales se les exigiese que aprendieran a cauterizar las cuerdas vocales del enemigo, sino porque a sus autoridades les preocupaba que los balidos de un centenar de cabras en la base pudieran llamar la atención de la rama local de la Sociedad Americana para la Prevención de la Crueldad contra los Animales.

Glenn parecía a punto de entrar en pánico.

—Estamos hablando de una operación negra.

—¿Qué pista debo seguir ahora? —pregunté.

—Ninguna —respondió Glenn—. Déjelo estar.

—No puedo dejarlo estar —repuse—. Es una imagen que no consigo sacarme de la cabeza.

—¡Olvídelo! —exclamó Glenn—. Olvide todo lo que le he dicho sobre las cabras.

Pero me era imposible olvidarlo. Las preguntas se me agolpaban en la mente. Por ejemplo, ¿cómo había empezado todo aquello? ¿Las Fuerzas Especiales simplemente le habían robado la idea al general Stubblebine? No era una teoría descabellada, y encajaba en la cronología que yo estaba comenzando a armar. Tal vez las Fuerzas Especiales habían fingido una fría indiferencia ante el plan de reventar corazones de animales expuesto por el general, pero acto seguido le habían dado a Michael Echanis, quienquiera que fuese, la orden de mirar fijamente. Quizá simplemente querían llevarse todo el mérito en caso de que las miradas letales pasasen a formar parte del arsenal del ejército norteamericano y cambiasen el mundo para siempre.

¿O fue una simple casualidad? ¿Estaban las Fuerzas Especiales trabajando ya con las cabras sin que el general Stubblebine lo supiera? Yo tenía la sensación de que la respuesta a esta pregunta podía arrojar algo de luz sobre la mentalidad de los militares americanos. ¿Es habitual este tipo de ideas en aquellos círculos?

Después de mi entrevista con Glenn Wheaton intenté averiguar todo lo posible sobre Michael Echanis. Nació en 1950 en Nampa, Idaho. Una anciana que vivía en la misma calle que él era «una auténtica cascarrabias», según un amigo de su infancia, «de modo que Michael hizo saltar por los aires su leñera».

Echanis combatió en Vietnam en 1970 durante dos meses en los que mató a veintinueve personas («bajas confirmadas»), pero una explosión le arrancó parte del pie y de la pantorrilla, por lo que lo enviaron de regreso a San Francisco, donde los médicos le dijeron que nunca volvería a caminar. Pero él echó por tierra sus predicciones y, para 1975, se había convertido en el máximo exponente estadounidense del arte marcial coreano Hwa Rang Do, y en Fort Bragg adiestraba a las Fuerzas Especiales en técnicas como la de la invisibilidad.

—Si estáis delante de un muro con los ladrillos dispuestos en horizontal, no mantengáis una postura vertical —les enseñaba a los reclutas de los Boinas Verdes—. Si os subís a un árbol, intentad parecer un árbol. En espacios abiertos, encogeos como una roca. Entre los edificios, intentad parecer un tubo de conexión. Si tenéis que desplazaros a lo largo de una pared blanca lisa, utilizad una tela reversible. Sujetad frente a vosotros un cuadrado blanco mientras avanzáis. Pensad en negro. Ésa es la nada.

La nada era importante para Echanis. Había descubierto que dentro de esa nada era capaz de matar. Un viejo compañero de Echanis en el campo de las artes marciales llamado Bob Duggan declaró en cierta ocasión a la revista *Black Belt* que lo consideraba en esencia un psicótico. Pintó a Echanis como a alguien muy propenso a armar jaleo, que siempre pensaba en la muerte y en el proceso de la muerte, un rasgo de carácter que se había alojado en su psique en la época de sus veintinueve bajas confirmadas en Vietnam y de la voladura de su pie.

—Mirad los brazos o las piernas de vuestro objetivo —les indicaba Echanis a sus reclutas Boinas Verdes—. No le miréis a los ojos hasta el último segundo. Podéis paralizar a una persona con la mirada por una fracción de segundo. Me acerco a un hombre sin mirarlo, y de pronto clavo en él la vista. Hay contacto visual, y él me mira. En esa fracción de segundo, se le paraliza el cuerpo, y es entonces cuando asesto el golpe. Podéis hablar suavemente, con voz monótona: «No, no voy a apuñalarte ni a agredirte.» Y entonces lo hacéis. Si vuestros ojos, vuestro cuerpo y vuestra voz destilan una serenidad absoluta, la otra persona no se imaginará que estáis listos para ir a por ella.

A mediados de los setenta, Echanis publicó un libro titulado *Knife Self-Defense for Combat* [Defensa personal con arma blanca para el combate], que defendía la polémica técnica que consistía en pegar brincos ruidosos y girar en el aire mientras se atacaba al enemigo con un cuchillo. Algunos aficionados al combate con arma blanca aplaudieron este enfoque, pero otros lo criticaron, pues temían que con tantos saltos y giros alguien acabase apuñalándose a sí mismo sin querer, y consideraban que en el combate con cuchillo más valía no complicar demasiado el juego de piernas.

A pesar de todo, los superpoderes de Echanis han llegado a ser casi legendarios. Un ex Boina Verde escribía en Internet:

> Yo lo observaba boquiabierto y patitieso. Se tumbó en una cama de clavos, y un recluta le partió un bloque de hormigón sobre el abdomen con un mazo; se atravesó la piel del cuello y los antebrazos con ganchos de acero, acto seguido levantó cubos llenos de arena colgados de los ganchos, y cuando se los desclavó no sangraba, y la piel apenas parecía dañada; jugó al tira y afloja contra una docena de hombres que no lograron moverlo ni un centímetro, e incluso hipnotizó a un par de los presentes. Lanzaba a los Boinas Verdes en todas direcciones como si fueran muñecos de trapo. El dolor que él era capaz de infligir era surrealista. Podía hacer mucho daño con un solo dedo. Mike, no te he olvidado. El cuchillo que me regalaste está guardado junto a mi boina. Templaste mi alma para toda la vida. ¡Que Dios bendiga a Mike Echanis!

Echanis fue durante un tiempo redactor de artes marciales de *Soldier of Fortune*, la «revista de los aventureros profesionales». Se convirtió en el chico cuya foto colgaban los mercenarios estadounidenses en sus paredes, casi literalmente, de hecho, pues con frecuencia aparecía en la portada de *Soldier of Fortune* y *Black Belt*. Si alguna vez se topa usted con una fotografía de los años setenta de un mercenario americano apuesto y delgado pero fuerte con un bigote curvado hacia arriba, tumbado en actitud vigilante y armado en un paisaje selvático, con pantalones color caqui, un pañuelo en la cabeza y un cuchillo con dientes de aspecto feroz en el filo, es muy probable que se trate de Michael Echanis. Todo esto no hizo sino acrecentar su fama, lo que no constituye una estrategia muy buena para un mercenario y posiblemente fue la causa de su misteriosa muerte a los veintiocho años de edad.

Existen varias versiones sobre el final de Echanis. Lo que se sabe con certeza es que le llegó en Nicaragua, donde había trabado una relación de índole profesional con el entonces dictador Anastasio Somoza. Según algunos testimonios, la CIA propició el encuentro entre los dos hombres y le asignó a Echanis un presupuesto de cinco millones de dólares para que les enseñase técnicas esotéricas de artes marciales a la Guardia Presidencial de Somoza y a los comandos antisandinistas.

Echanis le contó a un biógrafo de Somoza que el motivo por el que le encantaba estar en Nicaragua era porque en Estados Unidos era mucho más difícil verse envuelto en una pelea al ir caminando por la calle. Aseguraba que en Nicaragua, en cambio, se metía en broncas casi a diario.

Podría alegarse que recibir un sueldo de Somoza por ayudar a aplastar insurrecciones de campesinos no era algo demasiado heroico, pero cuando les expuse esta reflexión con mucho tacto a algunos admiradores de Echanis, ellos replicaron que eso ponía aún más de relieve la valentía de su ídolo, pues el pueblo estadounidense no estaba precisamente entusiasmado con Somoza y la prensa «pintaba a los sandinistas como a unos santos».

Según una de las versiones sobre los hechos que rodearon la muerte de Echanis, él iba en un helicóptero con unos compañeros mercenarios, para perpetrar alguna bestialidad encomendada por Somoza. El aparato estalló en el aire, bien porque los rebeldes antisomocistas habían puesto una bomba en él, bien porque los pasajeros iban haciendo el tonto con unas granadas y una de ellas explotó, matando a todos los que viajaban a bordo.

El maestro de artes marciales Pete Brusso, que da clases en Camp Pendleton, la base de entrenamiento de los marines en San Diego, me refirió otra versión, según la cual Echanis no estaba en un helicóptero, sino en tierra, haciendo alarde de sus poderes sobrehumanos imprudentemente.

—Dejaba que los todoterrenos le pasaran por encima —explicaba Pete Brusso—. Los de las Fuerzas Especiales conseguían un todoterreno, y entonces él se tumbaba en el suelo para que el vehículo le pasara por encima. No es tan difícil. Son coches de mil kilos con cuatro ruedas, así que el peso se divide entre cuatro. Si va lo bastante despacio, el cuerpo puede aguantarlo bastante bien. Pero si golpeas a la persona a cierta velocidad, tienes además un impacto de energía cinética.

Según Pete, Echanis retó a unos compañeros mercenarios a arrollarlo para demostrar que su fama de hombre temible estaba plenamente justificada.

—Pues bien, quienquiera que fuese el que conducía el todoterreno, no sabía que tenía que aminorar la velocidad —continuó Pete Brusso—. ¡Qué pifia! —Se rio—. El caso es que él sufrió lesiones internas y se murió. Eso es lo que he oído.

—¿Cree que se inventaron posteriormente la historia del helicóptero por vergüenza y para evitar posibles repercusiones legales? —pregunté.

—Podría ser —dijo Pete Brusso.

Sin embargo, nada de lo que oía o leía sobre Michael Echanis hacía referencia alguna a que hubiese matado a una cabra con sólo mirarla, por lo que me encontraba en un callejón sin salida por lo que respecta a Labo Cabras.

Sin embargo, lo curioso es que cada vez que tocaba el tema de las miradas letales y las cabras en los intercambios de mensajes por correo electrónico que mantenía con viejos amigos y colegas de Echanis, ellos dejaban invariablemente de responder a mis mensajes. Empecé a pensar que tal vez creían que me faltaba un tornillo. Por eso, al cabo de un tiempo, empecé a obviar las palabras y expresiones que pudieran despertar sospechas de demencia como «cabra», «mirar fijamente» y «muerte», y a formular en cambio preguntas como: «¿Por casualidad sabe usted si Michael estuvo implicado en algún intento de influir a distancia en animales de granja?»

Pero también entonces los diálogos por correo electrónico cesaban bruscamente. Tal vez había topado efectivamente con un secreto tan delicado que nadie quería reconocer que sabía algo al respecto.

Así que volví a llamar a Glenn Wheaton.

—Sólo dígame a quién se le ocurrió primero la idea de mirar fijamente a las cabras —le pedí—. Dígame eso al menos.

Glenn suspiró y pronunció un nombre.

Durante los meses siguientes, otros ex guerreros Jedi me facilitaron el mismo nombre, que aparecía una y otra vez en la conversación. Es un nombre que pocos civiles han oído mencionar jamás. Pero fue ese hombre quien incitó a los guerreros Jedi a hacer lo que hicieron. De hecho, ese hombre, armado de una gran pasión por el ocultismo y de su creencia en los poderes sobrenaturales, ha ejercido una influencia profunda y hasta ahora desconocida en casi todos los aspectos de la vida militar estadounidense. Los intentos condenados al fracaso del general Stubblebine por atravesar la pared estaban inspirados en las ideas de este hombre, al igual que el famoso eslogan —situado en el otro extremo de la escala de notoriedad— que el ejército norteamericano utilizaba en anuncios de televisión para animar a los jóvenes a alistarse: *Be All You Can Be* [Sé todo lo que puedes ser].

Encuentras muy dentro de ti
cosas que no conocías.
Sé todo lo que puedes ser.
Puedes lograrlo
en el Ejército.

La revista sobre publicidad *Advertising Age* calificó este eslogan como el segundo *jingle* más eficaz en la historia de la propaganda televisiva norteamericana. (El número uno era: «Hoy mereces un respiro, así que levántate y vete a McDonald's.») Les tocó la fibra sensible a personas recién licenciadas de todo Estados Unidos en los años ochenta. ¿Quién iba a pensar que el soldado que había ayudado a concebir dicho *jingle* tenía una idea tan estrambótica sobre lo que abarcaba ese «todo lo que puedes ser»?

Aunque ese hombre albergaba las intenciones más nobles y un hondo anhelo de paz, más tarde descubrí que también fue la fuente de inspiración para una forma de tortura bastante extraña aplicada por tropas estadounidenses en Iraq en mayo de 2003. Esto no ocurrió en la cárcel de Abu Ghraib, donde se obligó a prisioneros iraquíes desnudos a masturbarse y practicar sexo oral simulado entre sí; sucedió dentro de un contenedor marítimo, detrás de una estación de ferrocarril abandonada en la pequeña población de al-Qāim, en la frontera con Siria. En cierto modo, fue igual de espantoso que las atrocidades de Abu Ghraib, pero como no se tomaron fotografías y aquello tenía que ver con Barney, el dinosaurio morado, los medios no se hicieron tanto eco, ni el mundo entero condenó los hechos.

Todo esto, el mirar fijamente a las cabras y muchas otras cosas tuvieron su origen en la mente de un teniente coronel que se llama Jim Channon.

3

El Primer Batallón de la Tierra

Era una mañana de sábado invernal, y el teniente coronel (retirado) Jim Channon paseaba por el extenso terreno de su finca —que ocupa buena parte de la cima de una colina en Hawai—, gritando:

—Bienvenido a mi jardín secreto, mi eco-residencia. ¿Le apetece una fresa fresca? No hay nada como comerse algo que hasta hace muy poco estaba vivo. Aunque los barcos dejen de llegar, aunque la historia llegue a su fin y el mundo se venga abajo, dispondré de alimento. ¡Invoco al viento! El viento acude si uno se lo pide. ¿No se lo cree? Venga, vamos a mi baniano. ¡Por aquí!

—¡Voy! —dije.

El baniano estaba partido por el medio, y un sinuoso sendero de adoquines discurría por entre las raíces.

—Si desea cruzar este umbral —dijo Jim—, debe ser en parte místico y en parte visionario para poder elaborar la mejor lista de la compra posible. Así que le doy la bienvenida a mi refugio, donde me curo las heridas y sueño con prestar un mejor servicio a los demás.

—¿Por qué es usted tan distinto de la imagen mental que tengo de un teniente coronel del ejército norteamericano? —le pregunté.

Jim reflexionó sobre esto. Se pasó los dedos por su cabellera plateada.

—Porque no ha conocido a muchos —respondió.

Éste es el Jim actual, pero no el Jim que estuvo en Vietnam. Sus fotografías de aquella época muestran a un joven pulcro con uniforme militar y en el pecho una insignia en forma de fusil rodeado por una guirnalda. Jim todavía la conserva. Me la enseñó.

—¿Qué significa? —inquirí.

—Significa haber pasado treinta días en condiciones de combate. —Hizo una pausa, señaló su insignia y agregó—: No es moco de pavo.

Jim recuerda exactamente cómo empezó todo; el momento preciso en que se desencadenó aquella serie de acontecimientos. Era su primer día de combate en Vietnam y él viajaba en uno de los 400 helicópteros que sobrevolaban estruendosamente el río Dong Nai en dirección a un sitio que él conocía como la zona de guerra D. Aterrizaron entre los cadáveres de los norteamericanos que no habían conseguido tomar la zona de guerra D cuatro días antes.

—Los soldados —rememoró Jim— estaban asados por el sol y colocados formando una especie de muro.

En el instante en que Jim percibió el olor de los cuerpos, el sentido del olfato se le bloqueó. Lo recuperó unas semanas después.

Un soldado estadounidense que estaba a la derecha de Jim saltó del helicóptero y se puso a disparar de forma indiscriminada. Jim le gritó que se detuviera, pero el soldado no le oyó, de modo que se abalanzó sobre él y forcejeó con él hasta derribarlo.

«Cielo santo», pensó Jim.

Y entonces un francotirador disparó una vez desde el sitio donde se ocultaba hacia el grupo de Jim.

Todos se quedaron inmóviles. El francotirador disparó de nuevo, y los norteamericanos arrancaron a correr hacia la única palmera a la vista. Jim corría tan deprisa que derrapó y se dio de cara contra el tronco. Oyó que alguien gritaba detrás de él:

—¡Vietcong con pijama negro a cien metros!

Unos veinte segundos después, Jim se preguntó: «¿Por qué nadie dispara? ¿A qué esperan? No estarán esperando a que yo les ordene que disparen, ¿verdad?»

—¡ELIMINADLO! —bramó Jim.

Entonces los soldados abrieron fuego, y cuando los disparos cesaron, un pequeño grupo fue en busca del cuerpo. Sin embargo, ni una sola de todas aquellas balas había alcanzado al francotirador.

¿Cómo era posible?

—¡Es una mujer! —gritó un soldado.

«Oh, mierda —pensó Jim—. ¿Cómo vamos a lidiar con esto?»

Momentos después, la francotiradora mató a uno de los soldados de Jim de un tiro que le atravesó los pulmones. Era un soldado de primera llamado Shaw.

—En Vietnam —me contó Jim— me sentía como goma de neumático. Los políticos me daban la espalda. Fui yo quien tuvo que escribirles a los padres de los soldados de mi unidad que resultaron muertos.

Y cuando regresó a Estados Unidos, recayó sobre él la obligación de ir de un pueblo a otro para visitar a esos padres y entregarles las condecoraciones y los efectos personales de sus hijos fallecidos. Fue durante esos largos viajes en coche cuando Jim revivió en su mente los momentos previos a la muerte del soldado de primera Shaw.

Jim les había gritado a sus hombres que mataran al francotirador, y todos, como si se hubieran puesto de acuerdo, habían apuntado alto antes de cada disparo.

—Ahora se sabe que es una reacción habitual entre los soldados novatos cuando tienen que disparar contra humanos —explicó Jim—. No es algo natural pegarle tiros a la gente.

(Lo que Jim había visto concordaba con los resultados de unos estudios realizados después de la segunda guerra mundial por un historiador militar, el general S. L. A. Marshall. Entrevistó a miles de soldados de infantería estadounidenses y concluyó que sólo entre el 15 y el 20 por ciento de ellos había disparado a matar. Los demás habían apuntado alto o ni siquiera habían apretado el gatillo, y en cambio se habían dedicado a hacer lo que buenamente podían en esos momentos.

Por otro lado, se descubrió que el 98 por ciento de los soldados que sí habían disparado a matar habían quedado profundamente traumatizados por sus actos. El dos por ciento restante fueron diagnosticados como «personalidades psicopáticas agresivas» a quienes en esencia no les importaba matar gente bajo cualquier circunstancia, ya fuera en su país o en el extranjero.

La conclusión —en palabras del teniente coronel Dave Grossman, del Killology Research Group— era que «hay algo en el combate continuo e ineludible que hace enloquecer al 98 por ciento de los hombres; el otro dos por ciento ya estaba loco antes».

Tras regresar de Vietnam, Jim pasó un tiempo sumido en una depresión; no fue capaz de presenciar el nacimiento de su hija. No podía ver nada que le recordara el dolor. Las parteras del hospital creyeron que era un demente porque los medios no habían explicado este fenómeno. Fue un golpe muy duro para Jim comprender que el soldado de primera Shaw había muerto por la naturaleza cándida y bondadosa de sus compañeros, que no eran las máquinas de matar que el ejército quería que fueran.

Jim y yo entramos en su casa. Parecía la de un mago benévolo salido de una novela de fantasía; estaba llena de obras de arte budista, pinturas de ojos que todo lo ven desde lo alto de pirámides y cosas por el estilo.

—Al tipo de persona que se siente atraído por la carrera militar le cuesta mucho ser... astuto. En Vietnam sufrimos las consecuencias de no ser astutos. Simplemente nos plantamos ahí con nuestra superioridad moral y nos acribillaron el culo. Puedes encontrar algo de astucia en otras agencias del gobierno de Estados Unidos, pero las pasarás moradas si la buscas en el ejército.

De modo que, en 1977, Jim le mandó una carta al teniente general Walter T. Kerwin, subjefe del estado mayor de las fuerzas armadas en el Pentágono. En ella le decía que aspiraba a que el ejército aprendiera a ser más astuto. Quería embarcarse en una misión de investigación. No sabía dónde, pero deseaba que le enseñasen a ser astuto. El Pentágono accedió a pagarle a Jim sueldo y gastos mientras durase el viaje. Entonces Jim subió a su coche y arrancó.

Steven Halpern ha compuesto la música subliminal y para meditación de varios CD que se venden por Internet y que llevan títulos como *Alcanza tu peso ideal* («Pon esta grabación durante las comidas. Mastica despacio. Ama y acepta totalmente tu cuerpo»); *Alimenta a tu niño interior* («Liberarás todo resentimiento o rencor hacia tus padres por no haber satisfecho tus necesidades»); y *Refuerza la intimidad* («Tu cuerpo sabe exactamente dónde tocarme. Te encanta abrazarme y acurrucarte contra mí»).

«Desde hace más de 25 años —reza la página web de Steven—, su música, que ha impactado en la vida de millones de personas, se utiliza en hogares, centros de yoga y de masajes, residencias para enfermos terminales y oficinas de empresas innovadoras de todo el mundo.»

Fue en los primeros tiempos de la carrera profesional de Steven, en 1978, cuando conoció a Jim Channon en una conferencia de la Nueva Era en California. Jim dijo que quería aprovechar la música de Steven de alguna manera para infundirle un espíritu más pacífico al soldado norteamericano, y pretendía utilizar asimismo la música de Steven en el campo de batalla a fin de que el enemigo se sintiera más pacífico también.

Lo primero que pensó Steven fue: «No quiero figurar en ninguna lista.»

—A veces uno acaba en una lista, ¿sabes? —dijo Steven—. Ellos controlan todos tus movimientos. ¿Quién era ese tipo? ¿Estaba haciéndose pasar por alguien que quería aprender cosas buenas, pero con la intención de usarlas contra mí?

Me sorprendió el grado de detalle con que Steven recordaba su encuentro con Jim. Según él, esto se debía a que la gente del mundillo de la música ambiental no recibía muy a menudo propuestas de los militares. Por otro lado, Jim parecía predicar con el ejemplo en lo relativo a la paz interior. Era muy carismático. Además, añadió Steven, corrían tiempos de mucha paranoia.

—Acabábamos de retirarnos de Vietnam —dijo—. Resultó que algunos de los agitadores más violentos antiguerra eran agentes dobles. Pasaba lo mismo con la comunidad de ufólogos.

—¿La comunidad de ufólogos? —pregunté—. ¿Por qué querrían unos espías del gobierno infiltrarse en eso?

—Por favor, Jon —replicó Steven—, no seas ingenuo.

—Pero ¿por qué? —insistí.

—Todo el mundo vigilaba a todo el mundo —dijo Steven—. La situación se tornó tan paranoica que lo primero que hacían los ufólogos conferenciantes era pedir que todos los espías del gobierno se pusieran de pie y se identificaran. Cuantas más cosas sabes, más cosas no sabes, ¿entiendes? El caso es que había una paranoia brutal. Y entonces apareció un tipo diciendo que era del ejército y que estaba interesado en mi música. Ese tipo era Jim Channon.

—¿Por qué crees que te abordó a ti en particular?

—Alguien dijo alguna vez que mi música permite a la gente vivir una experiencia espiritual sin necesidad de nombrarla —contestó Steven—. Creo que fue por eso. Me dijo que tenía que convencer a los mandamases de las altas esferas militares; a los mandos superiores. Esa gente nunca ha alcanzado un estado meditativo. Creo que él quería guiarlos hasta él sin nombrarlo.

—O tal vez quería hipnotizar a sus superiores con sonidos subliminales —aventuré.

—Tal vez —concedió Steven—. Son instrumentos muy poderosos.

A continuación me habló brevemente del poder de los sonidos subliminales. En una ocasión, me aseguró, una iglesia evangélica norteamericana bombardeó a los fieles con sonidos silenciosos mientras cantaban himnos religiosos. Después de los oficios, descubrieron que los donativos se habían triplicado.

—Es una ventaja táctica, ¿lo captas? —dijo Steven—. ¿Quieres saber por qué las iglesias evangélicas hacen tanto dinero mientras las iglesias normales fracasan? Tal vez ahí tengas la respuesta.

Añadió que hacía poco había visitado la oficina de un amigo.

—En cuanto entré allí, me sentí irritado. Le dije: «Tu oficina me hace sentir irritado.» Él dijo: «Es por mi nueva cinta subliminal de máximo rendimiento.» «Pues quítala», le pedí. —Steven hizo una pausa—. La percibí al instante —agregó—, porque estoy en sintonía, aunque la mayoría de la gente no lo está.

Steven también le habló a Jim Channon del poder de los sonidos subliminales, Jim le dio las gracias y se marchó. Nunca volvieron a verse.

—Eso fue hace veinticinco años —dijo Steven—, pero lo recuerdo como si hubiese sido ayer. Jim parecía un espíritu tan sensible... —Steven guardó silencio por un momento, y luego prosiguió—: ¿Sabes qué? En retrospectiva, no estoy seguro de haberle preguntado qué pensaba hacer con toda esa información.

Casi todas las personas que recibieron una visita de Jim durante sus dos años de viaje eran, al igual que Steven Halpern, de California. En total se pasó por 150 organizaciones de la Nueva Era, entre ellas el Centro de Biorretroalimentación de Berkeley, el Instituto Integral Chuan («Del mismo modo que un capullo contiene en su interior la forma innata de la flor perfecta, todos contenemos en nuestro interior la forma innata de nuestra propia perfección»), Fat Liberation [liberación de la grasa] («PUEDES perder peso»), Beyond Jogging [Más allá del *footing*] y, en Maine, la World Healing Organization [Organización mundial de la sanación], del proyecto Gentle

Wind («Si estuviste escolarizado en Estados Unidos o en un país con prácticas educativas similares antes de los diez o doce años, sufriste graves daños mentales y emocionales... La técnica de sanación de Gentle Wind puede ayudarte.»)

Cabe suponer que Gentle Wind le ofreció a Jim, como a todo aquel que llama a su puerta, sus Instrumentos de Sanación, cuyos ingredientes mágicos siempre han sido un secreto celosamente guardado, aunque la empresa nos da una pista: proceden «del mundo de los espíritus y no del mundo de los humanos». Imagine una pastilla bastante grande de jabón blanco para las manos pintada de forma que parezca una tableta de circuitos de un ordenador. Ése es el aspecto que tiene la Barra de Sanación I.3 de Gentle Wind, «donativo solicitado: 7.600 dólares». Aunque más bien cara, la barra «representa lo último y más avanzado en tecnología sanadora, pues supera significativamente la eficacia de los Discos Arco Iris III y IV» e incluye «un mínimo de entre seis y 60 megahercios de desplazamiento temporal combinado con millones de modificaciones etéreas predefinidas».

El material publicitario de Gentle Wind les asegura a clientes potenciales y nuevos empleados que «aquí no hay mesías... NI UN SOLO MESÍAS en el proyecto Gentle Wind. Por favor no pierda el tiempo buscándolos aquí; no los hay».

A pesar de ello, algunos ex miembros me han dicho que el gurú principal de Gentle Wind, John Miller, ha obligado a todo su personal en los últimos años a seguir la dieta Atkins y llevar únicamente ropa de color beige, y que el ingrediente misterioso del mundo de los espíritus que contienen sus barras de sanación es el sexo en grupo. El presunto modus operandi es el siguiente: John Miller se acerca con disimulo a una empleada personal y le dice —estoy parafraseando los testimonios que me proporcionaron miembros del grupo—: «Enhorabuena. El mundo de los espíritus te ha elegido para que participes en nuestra obra energética ultrasecreta. No se lo cuentes a tu marido, porque él no entendería la obra energética.»

A continuación, la acompañan a la habitación de John Miller, donde él se acuesta con ella y con otras elegidas. Luego, una vez consumado el acto, John Miller dice: «Deprisa, elaborad una barra sanadora.» Gentle Wind ha negado estas afirmaciones y, en 2004, presentó una demanda contra los ex miembros que las hicieron.

Según un comentario escrito por unos clientes de Gentle Wind —una pareja de Bristol—, «hemos notado una gran mejoría en nuestra gata *Moya*, que prácticamente de un día para otro pasó de ser un animal de rescate neurótico y huraño a convertirse en una aventurera amigable y segura de sí misma tras aplicarle uno de los instrumentos sanadores de Gentle Wind».

Sin embargo, otro cliente ha señalado: «Al principio me gustaba que el dispositivo tuviera un efecto notorio en mi aura [pero cuando puse el control en la posición marcada como "serenidad"], la experiencia me dejó indiferente por dentro. En resumen: llevo cinco meses utilizando los armonizadores universales de Equilibria y he vuelto a sentirme bastante bien.»

Los representantes de Gentle Wind aseguran que más de seis millones de personas en más de 150 países de todo el mundo han utilizado sus productos. También me dijeron que no recuerdan haberse reunido con Jim, y que es posible que se topase con otra organización llamada Gentle Wind en el transcurso de su odisea financiada por el Pentágono. Quizá tengan razón, pero yo no he conseguido encontrar referencias a otro Gentle Wind que formase parte de los movimientos de la Nueva Era y de Potencial Humano de la época.

Jim Channon tampoco recordaba gran cosa de Gentle Wind, aunque el grupo debió de causarle un impacto considerable, pues le dedicó un apartado especial en el informe confidencial que escribió para el Pentágono.

Jim se zambulló en el mundo del renacer reichiano, los pulsos primigenios, que consistían en echar un pulso normal y corriente pero emitiendo a la vez gritos guturales, y las sesiones colectivas de nudismo y baños calientes en el Instituto Esalen para el Desarrollo del Potencial Humano en Big Sur, de cuyo fundador, Michael Murphy, supuesto padre del movimiento de la Nueva Era, recibió asesoramiento. Jim no reveló en ningún momento a los terapeutas y gurús con los que trataba el modo en que planeaba adaptar sus técnicas al objetivo de enseñarle al soldado estadounidense a ser más astuto.

«A menudo los valores desarrollados en Los Ángeles tardan diez años en abrirse camino hasta las zonas rurales de Arkansas. La idea que aflora hoy en la costa llegará a ser un valor aceptado en todo el país dentro de diez años», anotó Jim en su diario por aquella época.

Así es como se imaginaba que sería el Estados Unidos de los años ochenta: el gobierno ya no tendría el «afán de explotar los recursos naturales». Por el contrario, su interés prioritario sería «la conservación y la sensatez ecológica». El sistema económico dejaría de «fomentar el consumo a toda costa». No sería ni agresivo ni competitivo. Éste, profetizó Jim, era el nuevo sistema de valores que estaba a punto de arrasar en Estados Unidos.

Jim necesitaba creer en todo aquello. Trabajaba para lo que su entonces jefe del estado mayor, el general Edward Meyer, había calificado de «ejército hueco». Era una expresión acuñada por Meyer para describir la mentalidad militar posterior a la guerra de Vietnam. No sólo los veteranos particulares padecían depresión postraumática y poscombate; las fuerzas armadas, como entidad, estaban traumatizadas, melancólicas y aquejadas de un complejo de inferioridad abrumador. Los presupuestos se recortaban a diestro y siniestro. Se había abolido el reclutamiento forzoso, y la carrera militar ya no seducía a los jóvenes estadounidenses. La situación era deplorable. Jim se veía a sí mismo como una futura ave fénix de la Nueva Era que surgiría de las cenizas para traerles la dicha y la esperanza al ejército y el país que tanto amaba.

«Es el destino de Estados Unidos —escribió Jim— guiar al mundo hasta el paraíso.»

Jim regresó de su viaje en 1979 y redactó un informe confidencial para sus superiores. La primera línea decía: «Al ejército norteamericano no le queda otra alternativa seria que ser maravilloso.»

En la parte inferior de la página había un aviso de exención de responsabilidad: «[Este texto] no refleja la posición oficial actual del ejército.»

Éste era el *First Earth Battalion Operations Manual* [Manual de Operaciones del Primer Batallón de la Tierra], de Jim Channon.

Se trataba de 125 páginas en las que se mezclaban dibujos, gráficos, mapas, ensayos polémicos y reformulaciones punto por punto de todos los aspectos de la vida castrense. En el Primer Batallón de la Tierra de Jim Channon, el nuevo uniforme de combate vendría equipado con bolsas para reguladores de ginseng, utensilios de zahorí, alimentos para reforzar la visión nocturna y un altavoz que emitiría de forma automática «música indígena y palabras de paz».

Los soldados llevarían consigo en sus viajes a países hostiles «animales simbólicos» como corderos, que acunarían en sus brazos. Los militares aprenderían a saludar a la gente con «ojos chispeantes». Luego depositarían a los corderos en el suelo y le darían al enemigo «un abrazo instantáneo».

Música indígena y palabras de paz

El batallón lleva los símbolos y los sonidos de la paz

Flores simbólicas

Banderas de países y símbolos espirituales

Animal simbólico

Tecnología para la paz

PRIMER BATALLÓN DE LA TIERRA

Jim reconocía que existía la posibilidad de que dichas medidas no bastaran para apaciguar al enemigo. En tal eventualidad, los altavoces sujetos al uniforme debían pasar a emitir «sonidos discordantes». Unos altavoces más grandes se instalarían en el exterior de vehículos militares que reproducirían rock ácido de forma desacompasada unos con otros para confundir al enemigo.

En el caso de que nada de eso diera resultado, se desarrollaría un nuevo tipo de armamento —no letal o «psicoelectrónico»—, como por ejemplo una máquina que irradiaría a las turbas hostiles con energía positiva.

Si todo lo anterior fracasara, se haría uso de armas letales, aunque «a ningún soldado de la Tierra, hombre o mujer, se le impedirá entrar en el reino de los cielos por haber sido utilizado como instrumento de una guerra indiscriminada».

En la base, los militares debían ponerse túnicas con capuchas para participar en los ritos obligatorios del Primer Batallón de la Tierra. Los viejos cánticos misóginos y agresivos («No lo sé, pero me han dicho que las esquimales tienen frío el chumino») serían gradualmente sustituidos por uno nuevo: «Ommm...»

Los músicos de las bandas militares aprenderían a ser más como los trovadores errantes. «Los cantos y bailes», junto con «la eliminación del deseo carnal» formarían una parte importante del entrenamiento como artes marciales.

«Un monje guerrero es alguien que no está dominado por la lujuria —escribió Jim—. Un monje guerrero es alguien que no está dominado por la posición social. El objetivo de este régimen no es producir fanáticos puritanos sino excluir a los mercenarios.»

(Es de suponer que Michael Echanis hizo caso omiso de esta parte del manual, pues se convirtió en el mercenario más famoso de Estados Unidos en los años comprendidos entre la época en que supuestamente fulminó a una cabra con la mirada en Fort Bragg y su misteriosa muerte en Nicaragua.)

Los reclutas del Primer Batallón de la Tierra aprenderían a ayunar durante una semana tomando sólo zumos, y luego a pasarse un mes entero alimentándose a base de frutos secos y granos. Debían:

enamorarse de todos, intuir el aura de las plantas, organizar una plantación de árboles con niños, adquirir el poder de atravesar objetos como paredes, doblar el metal con la mente, caminar sobre el fuego, calcular más rápidamente que un ordenador, detener los latidos de su corazón sin sufrir daño alguno, ver el futuro, tener experiencias extracorpóreas, vivir de la naturaleza durante veinte días, ser vegetarianos al 90 por ciento o más, aprender a masajear y limpiar el colon, dejar de recurrir a tópicos manidos, pernoctar al aire libre a solas, y ser capaces de oír y ver los pensamientos de otras personas.

Ahora a Jim sólo le faltaba venderle estas ideas a los militares.

Creo que Jim Channon es un hombre adinerado. Al menos es propietario de una ladera entera en Hawai que comprende un anfiteatro y toda una aldea formada por edificios anexos, yurtas y cenadores. En la actualidad, él presta a las grandes empresas los mismos servicios que otrora prestó al ejército: hace creer a los empleados que pueden atravesar paredes y cambiar el mundo, y para ello habla de estas cosas como si fueran de lo más normales.

—¿De verdad cree —le pregunté a Jim en un momento determinado del día que pasamos juntos— que es posible alcanzar tal grado de perfección como monje guerrero que uno pueda volverse invisible y traspasar paredes?

Jim se encogió de hombros.

—Se sabe de mujeres que han levantado un coche sin

la ayuda de nadie para salvar a su hijo que estaba atrapado debajo —observó—. ¿Por qué no esperar lo mismo de un monje guerrero?

Jim me dijo, tal como les había dicho en 1979 a los oficiales al mando, que aunque eso de los monjes guerreros sonara a un nuevo prototipo descabellado de soldado, ¿acaso era más descabellado que prototipos ya existentes, como el del vaquero o el jugador de fútbol americano?

—Un monje guerrero —explicó Jim— posee la presencia del monje, la voluntad de servicio y la entrega del monje, y la destreza y precisión absolutas del guerrero.

Hizo esta aseveración ante sus superiores en el club de oficiales de Fort Knox en la primavera de 1979. Hacía solamente unas horas que había llegado, y había arrastrado hasta allí todas las macetas que había encontrado por toda la base. Las dispuso en círculo, creando un «pseudobosque». En el centro del círculo colocó una vela encendida.

Cuando llegaron los oficiales, él les dijo: «Para dar comienzo a la ceremonia, caballeros, vamos a recitar un mantra. Respiren hondo y, al expulsar el aire, digan "iiiiiii".»

—En ese momento —rememoró Jim—, se echaron a reír. Algunos intentaron ahogar sus risitas, un poco avergonzados. Y entonces yo conseguí decirles: «Disculpen. Han recibido ustedes una serie de instrucciones, y espero que las cumplan con absoluta disciplina.» ¿Lo ve? Fue mi forma de conectar con la mentalidad militar. La segunda vez que lo hicimos, reinaba un sentimiento de unidad.

Entonces Jim comenzó su discurso: «Caballeros, es un gran honor contar con su presencia en este refugio donde podemos curarnos las heridas y soñar con servir mejor a los demás. Juntos, con los ejércitos de todos los países, le daremos la vuelta a este lugar, y podrá nacer una civilización nueva que no sepa de fronteras pero que sí sepa vivir en el jardín y sea consciente de que sólo estamos a una idea de distancia del paraíso.»

Los oficiales ya no se reían. De hecho, a Jim le pareció que algunos estaban al borde del llanto. Como a él, sus experiencias en Vietnam los habían destrozado. Jim se dirigía a un grupo de generales de cuatro estrellas, generales de división, generales de brigada y coroneles —«las más altas autoridades»—, y los tenía cautivados. De hecho, Mike Malone, uno de los coroneles que se hallaban presentes, se conmovió tanto que se puso en pie de un salto y gritó: «¡Soy el hombre mújol!»

Al percatarse de la mirada de perplejidad de sus colegas oficiales, se explicó: «Defiendo las causas del mújol porque es un pez de clase baja. Es sencillo y honrado. Se mueve en grandes formaciones y columnas. Se encarga de casi todo el trabajo, pero también es noble. Es como otro ser noble al que amé en otro tiempo y se llamaba "soldado".»

Jim continuó con su discurso: «Las gafas con cristales color de rosa sólo dejan de funcionar cuando te las quitas —aseveró—. Así que les pido que abracen mi visión de ser todo lo que podemos ser, pues constituye la base para fundar el Primer Batallón de la Tierra. Te permite pensar lo impensable, soñar con lo imposible. Ustedes saben que estamos aquí para crear el conjunto de instrumentos más poderoso para el individuo y su equipo, pues ésta será la diferencia entre la condición actual del soldado norteamericano y la que deberá alcanzar para sobrevivir en el campo de batalla en el futuro.»

—¿Sabe de qué trata esta historia? —me preguntó Jim en su jardín hawaiano—. Es la historia de la creatividad de una institución que uno esperaría que fuese la última en abrir los ojos a las realidades superiores. Y es que ¿sabe qué pasó después?

—¿Qué? —inquirí.

—Me nombraron de inmediato comandante del Primer Batallón de la Tierra.

La nota de exención de responsabilidad al final del manual de operaciones de Jim decía que el texto no reflejaba la postura oficial del ejército de Estados Unidos. Aun así, pocas semanas después de su publicación, soldados de todas las ramas de las fuerzas armadas comenzaron a realizar esfuerzos serios por poner en práctica sus ideas.

En una hilera de comercios adosados situada en el corazón de Silicon Valley hay un edificio que parece un almacén abandonado hace mucho tiempo y que apenas llama la atención. No obstante, de cuando en cuando llegan grupos de turistas para fotografiar el exterior, pues fue en ese edificio donde tuvo su origen Silicon Valley. En un principio era un almacén de albaricoques, pero después el profesor William Shockley se instaló allí, se convirtió en coinventor del transistor, elaboró cristales de silicio en la habitación del fondo y ganó el premio Nobel por su trabajo en 1956.

A finales de los años setenta, dicho edificio —el número 391 de San Antonio Road— pasó a manos de un nuevo propietario: el doctor Jim Hardt. Fue pionero en su campo, como Shockley, y al igual que él fue un visionario, pero su ciencia era, y sigue siendo, un poco más extraña.

El doctor Hardt todavía trabaja allí; les cobra 14.000

dólares a los civiles por un retiro de una semana de duración dedicado al entrenamiento mental —«¡diga la palabra "semicoherente" y le haremos un descuento de quinientos dólares!», promete el *pack* promocional— en unos despachos diminutos situados al fondo. Son oscuros; la tenue luz procede de unos fluorescentes morados. Los relojes no tienen manecillas, y el sitio me recordó un poco una atracción de Disney World, la Torre del Terror de la Dimensión Desconocida.

Para entonces yo ya no creía que Michael Echanis fuese en realidad el legendario mirador de cabras. Había llegado a la conclusión de que Glenn Wheaton había cometido un error, deslumbrado por el renombre de Echanis, y que el guerrero Jedi en cuestión era otra persona. Tal vez encontraría la respuesta en el doctor Hardt, ya que él les había reprogramado el cerebro a los guerreros Jedi a finales de los setenta, y los había elevado a un estado de iluminación espiritual en el que matar a una cabra con la mirada parecía factible.

El doctor Hardt me hizo sentarme y me contó la historia de sus «fascinantes pero hasta cierto punto dramáticas» aventuras con las Fuerzas Especiales.

Todo comenzó con la visita de un coronel llamado John Alexander, que un día llamó a la puerta de Jim Hardt en compañía de otros militares. El coronel Alexander le había ofrecido un puesto al doctor Hardt, pues el *Manual de Operaciones del Primer Batallón de la Tierra*, de Jim Channon, lo había conmovido profundamente. Quería saber si de verdad era capaz el doctor Hardt de convertir soldados corrientes en maestros zen avanzados en sólo siete días y de conferirles el don de la telepatía con sólo enchufarlos a su máquina cerebral.

El doctor Hardt respondió que, en efecto, era verdad,

y así comenzó a cristalizar el proyecto de crear un supersoldado, un soldado con poderes sobrenaturales justo en ese edificio de Silicon Valley.

El coronel le dijo a Jim Hardt que, desde la publicación del manual de Jim, las Fuerzas Especiales habían invitado a una serie de gurús de los movimientos californianos de la Nueva Era y Potencial Humano a que dieran conferencias a los soldados sobre cómo conectar con su espíritu interior, pero la iniciativa había tenido escaso éxito. Con frecuencia los miembros de las Fuerzas Especiales recibían a los gurús con abucheos, silbidos y bostezos exagerados.

Ahora el coronel Alexander quería saber si el doctor Hardt estaría dispuesto a intentarlo, a llevar su máquina portátil de entrenamiento cerebral a Fort Bragg.

Jim Hardt me mostró el artilugio. Uno se conecta los electrodos a la cabeza, y un ordenador analiza sus ondas alfa. Se ajustan unos controles, y las ondas alfa del sujeto quedan en sintonía. Una vez que se consigue esto, el cociente intelectual sube doce puntos de golpe y el sujeto alcanza sin esfuerzo un nivel espiritual que antes sólo era asequible por medio de toda una vida de estudio de las técnicas zen. Si se conectan dos personas a la máquina a la vez, pueden leerse el pensamiento mutuamente.

El doctor Hardt le explicó todo esto al coronel Alexander y se ofreció a hacerle una demostración, pero el coronel rehusó la oferta. Aseguró que tenía almacenada en el cerebro mucha información militar clasificada y que no podía correr el riesgo de revelársela al doctor Hardt.

El doctor Hardt dijo que lo entendía.

El coronel se sintió moralmente obligado a confesarle que los miembros de las Fuerzas Especiales habían acogido la idea con cierta hostilidad, pues opinaban que todo aquello no eran más que paparruchas. De hecho, eran «incontrolables» y se negaban a «quedarse quietos y escuchar».

En ese caso, contestó el doctor Hardt, sólo aceptaría el reto si antes se enviaba a los soldados a un retiro a meditar durante un mes.

—Pues bien —me dijo el doctor Hardt—. Para empezar, se negaron a llamarlo «retiro», porque se parece a «retirada», una palabra que más vale no emplear en el ejército. De modo que se le denominó «campamento de meditación». Y fue un fracaso inmenso.

—¿Por qué? —pregunté.

—Los soldados incluso armaban camorra en los espacios destinados a la meditación —dijo—. Se peleaban por puro aburrimiento.

Así pues, para cuando el doctor Hardt llegó a Fort Bragg, los miembros de las Fuerzas Especiales seguían manteniendo una actitud «hostil en extremo» y le guardaban rencor por haberse visto forzados a meditar durante un mes, actividad que consideraban «una chorrada» y «una pérdida de tiempo».

El doctor Hardt, menudo, delgado y de aspecto frágil, contempló nerviosamente a los soldados hostiles, y luego, con delicadeza, les conectó los electrodos a la cabeza, antes de hacerlo también consigo mismo. Encendió el ordenador de entrenamiento mental de ondas alfa, y dio comienzo al reajuste.

—De pronto —rememoró Jim Hardt—, una lágrima brotó de mi ojo, me resbaló por la cara y cayó sobre mi corbata. —Parecía que fuera a sucederle lo mismo ahora, al evocar aquel momento de telepatía emocional—. De modo que cogí la corbata, que seguía húmeda, y dije: «Noto telepáticamente que alguien en esta sala experimenta una gran tristeza.» Entonces di un manotazo en la mesa y añadí: «Nadie saldrá de esta sala hasta que esa persona lo reconozca.» Pues bien, durante dos minutos reinó un silencio absoluto. Luego, un coronel aguerrido alzó la mano y dijo: «Seguramente soy yo.»

El coronel procedió a contarles a Jim Hardt y a sus compañeros de las Fuerzas Especiales la historia de su tristeza.

Cuando estaba en la universidad, el coronel cantaba en un coro estudiantil. Interpretaba folk y música coral, y a medida que se le reajustaba el cerebro, se le agolpaban en la mente los recuerdos del coro de unos veinte años atrás.

—Aquello lo llenaba de alegría —dijo Jim Hardt—, pero cuando pasó directamente de la universidad a la escuela de oficiales, tomó la decisión racional de renunciar a la alegría. Tras obtener su título universitario, concluyó que la dicha no tenía cabida en la vida de un oficial del ejército, así que, de manera consciente y deliberada, clic, apagó la alegría. Veinte años después, cayó en la cuenta de que no era necesario. Había vivido veinte años sin alegría, pese a que no era necesario.

El segundo día del entrenamiento mental, los soldados se conectaron de nuevo los electrodos a la cabeza.

—Y en esa ocasión —dijo el doctor Hardt—, lloré a moco tendido, como si tuviera un grifo en cada ojo. Cogí mi corbata y la exprimí; pues se había empapado de lágrimas. Entonces volví a preguntar: «¿De quién se trata esta vez? ¿Quién experimenta una gran tristeza?» Y de nuevo pasaron dos minutos antes de que el mismo tipo alzara la mano y nos relatara un episodio que había vivido.

Ocurrió durante la ofensiva del Tet, en 1968. El coronel estaba en un puesto avanzado de artillería cerca de la zona desmilitarizada cuando el Vietcong atacó.

—Ese coronel, sin ayuda de nadie, impidió que tomaran su pequeña base —explicó Jim Hardt—. Para ello, se pasó toda la noche disparando con la ametralladora. Al amanecer, contempló los montones de cuerpos ensangrentados y agonizantes que yacían allí a causa de él, y lo invadieron sentimientos tan intensos que un solo corazón no era capaz de soportarlos.

Al final del tercer día de reajuste mental, Jim Hardt estudió los resultados del análisis de ondas alfa que había realizado el ordenador, y vio algo que lo asombró.

—En uno de los soldados —dijo—, detecté un patrón en las ondas cerebrales que sólo se presenta en personas que han vivido la experiencia de ver ángeles. Lo llamamos «percepción de seres del plano astral», seres que son incorpóreos pero poseen un cuerpo luminoso. Así que allí estaba yo, sentado ante el escritorio, y al otro lado estaba aquel soldado que había sido entrenado para matar, y le pregunté, en un tono muy tranquilo: «¿Habla usted con seres que otras personas no ven?»

»Entonces se dio la vuelta hacia atrás en la silla, tan deprisa que por poco se cae al suelo. ¡Era como si yo lo hubiese golpeado con una tabla! Estaba muy nervioso y alarmado y respiraba agitadamente. Volvió la mirada de un lado a otro para asegurarse de que no hubiera nadie más en el despacho y se inclinó hacia delante para confesarlo: "Sí." Tenía un espíritu maestro de artes marciales que sólo se le aparecía a él. No le había hablado del asunto a nadie más que a su mejor amigo, y le había jurado que le cortaría el pescuezo si le decía una palabra de aquello a alguien.

Y así acababa la historia.

El doctor Hardt no me contó nada más. Se marchó de Fort Bragg para no volver jamás, y, según él, no sabía si a alguno de los soldados Jedi cuyos cerebros había reprogramado le había dado posteriormente por matar cabras con la mirada.

—¡Usad armas no letales! —grita el malvado investigador médico Glenn Talbot—. Repito, ¡sólo armas no letales! Necesito tomarle una muestra. ¡Reducidlo con la espuma!

En la base militar subterránea de Atheon, oculta bajo un cine abandonado en algún desierto, el increíble Hulk se ha escapado y destruye todo lo que se cruza en su camino. Los soldados obedecen la orden de Glenn Talbot. Toman posiciones y rocían a Hulk con Espuma Pegajosa, que se expande y se endurece en el instante en que toca su cuerpo. Hulk queda totalmente inmovilizado. Ruge y forcejea contra la espuma, pero en vano.

—Hasta nunca, muchachote —gruñe Glenn Talbot, y le dispara a Hulk en el pecho con algún tipo de lanzamisiles portátil. Grave error. Irrita aún más a Hulk. Lo irrita tanto, de hecho, que la criatura consigue reunir fuerza suficiente para romper la espuma y continuar con su espiral de destrucción.

Esta espuma no es un invento de los guionistas de la película *Hulk*, sino del coronel John Alexander, el mismo que reclutó al doctor Jim Hardt para que les reprogramase el cerebro a los guerreros Jedi. El coronel Alexander concibió la Espuma Pegajosa después de leer el *Manual de Operaciones del Primer Batallón de la Tierra*.

Los oficiales del ejército que habían estado presentes en Fort Knox en 1979 habían quedado tan impresionados con el discurso de Jim que le ofrecieron la oportunidad de formar y comandar un auténtico Primer Batallón de la Tierra. Pero él rehusó la oferta. Jim tenía objetivos más ambiciosos. Era lo bastante racional para comprender que atravesar paredes, percibir el aura de las plantas y derretirle el corazón al enemigo con corderitos eran buenas ideas en el papel, pero que no necesariamente eran factibles en la vida real.

Los superiores de Jim tendían a interpretarlo todo literalmente (de ahí los numerosos y decididos intentos del general Stubblebine de atravesar su pared), pero la visión del propio Jim era más matizada. Quería que sus compañeros soldados alcanzaran un plano espiritual más elevado fijándose metas imposibles. Si hubiera aceptado el encargo de dirigir un Primer Batallón Terrestre de verdad, sus superiores le habrían exigido resultados tangibles. Habrían querido pruebas fehacientes de que los soldados de Jim eran capaces de hacer que sus corazones dejaran de latir sin sufrir efectos negativos, y, ante la ausencia de dichas pruebas, habrían disuelto la unidad con deshonor, de tal manera que nadie se enterase nunca de que había existido.

No era eso lo que Jim había planeado. Quería que sus ideas se diseminaran por el aire y echasen raíces donde el destino quisiese. El Primer Batallón de la Tierra existiría en todo aquel sitio en que alguien, inspirado por la lectura del manual, pusiese en práctica sus principios de la manera que juzgase oportuna. Hardt se imaginó que estos valores arraigarían con tal fuerza en la estructura militar que los soldados del futuro se regirían por ellos sin saber nada de su fabuloso origen. Y una consecuencia de ello fue que la Espuma Pegajosa se convirtiese en una de las primeras armas reales del Primer Batallón de la Tierra.

La espuma ha tenido una historia accidentada. En Somalia, en febrero de 1995, las fuerzas de paz de la ONU intentaban distribuir alimentos cuando la multitud se descontroló. Los marines americanos intervinieron para restablecer el orden y ayudar a evacuar las tropas de la ONU.

—¡Utilizad la Espuma Pegajosa! —ordenó el oficial al mando, y los marines obedecieron. Esparcieron la espuma, pero no sobre la muchedumbre, sino enfrente de ella para que al solidificarse se convirtiese al instante en un muro entre los alborotadores y los alimentos. La turba de somalíes se detuvo por unos instantes, contempló aquella especie de natillas burbujeantes que se expandían, aguardó a que se endurecieran y acto seguido trepó para saltar al otro lado y proseguir con los disturbios. Todo esto ocurrió ante las cámaras de televisión. Aquella noche, los noticiarios de todo Estados Unidos emitieron estas imágenes junto con una escena de *Cazafantasmas* en la que Bill Murray acababa cubierto de babas.

(Tiempo después, uno de los hombres que utilizaron la Espuma Pegajosa en Somalia, el comandante Sid Heal, me advirtió que no pintase el incidente como un desastre total. Me dijo que contaban con que los revoltosos tardasen veinte minutos en darse cuenta de que podían escalar la espuma, pero que en cambio sólo habían tardado cinco, por lo que en el peor de los casos había sido tres cuartos de desastre. Sin embargo, aquélla fue la primera y última vez que se empleó la espuma en una situación de combate.)

Impertérritas ante el episodio de Somalia, las autoridades penitenciarias de Estados Unidos introdujeron la Espuma Pegajosa en las cárceles a finales de los años noventa para contener a los internos violentos antes de transportarlos a otro sitio. No obstante, esta práctica se abandonó pronto, pues resultaba imposible sacar de su celda a los presos inmovilizados con espuma para trasladarlos. Simplemente, se quedaban allí atascados.

Pero actualmente, de forma inesperada, estamos asistiendo al resurgimiento de la espuma. Los militares se llevaron varias botellas llenas de esta sustancia a Iraq en 2003. El plan era que, una vez que las tropas estadounidenses encontraran las armas de destrucción masiva, las recubriesen de Espuma Pegajosa. Pero las armas de destrucción masiva nunca aparecieron, de modo que la espuma se quedó en su envase.

De todas las ideas de Jim, la más fructífera fue su empeño en que los agentes y científicos militares viajasen hasta los rincones más salvajes de su imaginación, sin miedo a que tacharan de descabellado o absurdo su intento de un nuevo tipo de arma, algo ingenioso, noble y no letal.

La espuma es uno de los centenares de inventos similares que se mencionan en un informe de la Fuerza Aérea norteamericana de 2002 —*Armas no letales: conceptos y fuentes*— que refiere con todo detalle los últimos avances en este campo y que se filtró a la prensa. Se describe una serie de «armas acústicas»: el proyector de ondas de choque, el dispositivo de estridencia y el infrasonido de baja frecuencia que, según el informe filtrado, «penetra con facilidad en casi todos los edificios y vehículos» y provoca «náuseas, pérdidas de heces, desorientación, vómito, posibles lesiones internas e incluso la muerte». (Al parecer, para los sucesores de Jim Channon, la definición de la expresión «no letal» era más amplia que para él.) Luego están la bomba fétida discriminadora de razas y el traje camaleónico de camuflaje, proyectos que no acaban de despegar, porque a nadie se le ha ocurrido la manera de inventarlos.

Existe una feromona especial que «puede utilizarse para marcar objetivos individuales que después son atacados por las abejas que soltemos». Están el guante eléctrico, la chaqueta de policía eléctrica «que le da una sacudida a quien la toca», el lanzarredes y el lanzarredes eléctrico, que es lo mismo que el lanzarredes salvo por que «aplica una descarga eléctrica a la presa si ésta intenta forcejear». Hay toda clase de hologramas, entre ellos el Holograma de la Muerte —«para darle a un objetivo individual un susto de muerte. Por ejemplo, un capo de la droga con problemas cardíacos ve aparecer el fantasma de su rival muerto junto a su cama y muere a causa del miedo»— y el Holograma Profético, «la proyección de la imagen de un dios de la antigüedad sobre una capital enemiga tras tomar los medios de comunicación públicos y utilizarlos en su contra en una operación psicológica a gran escala».

El coronel del Primer Batallón de la Tierra, John Alexander figura como coautor del informe. Vive en un barrio residencial de las afueras de Las Vegas, en una casa grande repleta de piezas de arte budista y aborigen, así como de condecoraciones militares. Me percaté de que también había varios libros escritos por Uri Geller sobre un estante.

—¿Conoce a Uri Geller? —le pregunté.

—Desde luego —respondió—. Somos grandes amigos. Montábamos fiestas de doblar metal.

El coronel Alexander ha sido asesor especial del Pentágono, la CIA, el laboratorio nacional de Los Álamos y la OTAN. Es también uno de los más viejos amigos de Al Gore. No se ha retirado por completo del ejército de Estados Unidos. Una semana después de nuestra reunión, iba a volar a Afganistán para pasar cuatro meses ahí como «asesor especial». Cuando le pregunté a quién iba a asesorar y sobre qué, se negó a decírmelo.

En cambio, durante buena parte de la tarde, John se dedicó a rememorar los viejos tiempos del Primer Batallón de la Tierra. En su rostro se dibujó una amplia sonrisa cuando recordó los ritos nocturnos secretos que practicaba en las bases militares junto con otros colegas coroneles, después de haber leído el manual de Jim.

—¡Grandes hogueras! —exclamó—. ¡Tipos con serpientes en la cabeza! —Se rio.

—¿Ha oído hablar de Ron? —le pregunté.

—¿Ron? —repitió el coronel Alexander.

—Ron, el que reactivó a Uri —precisé.

El coronel Alexander se quedó callado. Aguardé a que respondiera. Al cabo de unos treinta segundos, comprendí que no soltaría prenda hasta que yo le formulara otra pregunta. Y así lo hice.

—¿De verdad mató Michael Echanis a una cabra con sólo mirarla? —inquirí.

—¿Michael Echanis? —dijo, aparentemente perplejo—. Me parece que se refiere usted a Guy Savelli.

—¿Guy Savelli? —pregunté.

—Sí —dijo el coronel—. El hombre que mató a la cabra fue sin lugar a dudas Guy Savelli.

4

Hacia el corazón de la cabra

El Estudio Savelli de Danza y Artes Marciales está a la vuelta de la esquina de una marisquería Red Lobster, un restaurante TGI Friday's, un Burger King y un taller mecánico Texaco, a las afueras de Cleveland, Ohio. El letrero de la puerta anuncia clases de «ballet, claqué, jazz, hip-hop, aeróbic acrobático, puntas, kickboxing y autodefensa».

Unas semanas antes, yo había telefoneado a Guy Savelli. Le dije quién era yo y le pedí que me describiese las tareas que llevaba a cabo dentro del Labo Cabras. El coronel Alexander me había dicho que Guy era un civil que no estaba bajo contrato militar, por lo que yo creía que podría tirarle de la lengua. Sin embargo, al otro lado de la línea se produjo un silencio prolongado.

—¿Quién es usted? —preguntó por fin.

Se lo expliqué de nuevo. Luego oí un suspiro profundamente triste. Era algo más que un «oh, no, un periodista». Sonó casi como un aullido contra las ineludibles e injustas fuerzas del destino.

—¿Le he llamado en mal momento? —inquirí.

—No.

—¿Estuvo usted en Labo Cabras o no? —pregunté.

—Sí. —Suspiró de nuevo—. Y sí, tumbé a una cabra cuando estaba allí.

—Supongo que ya no practica esa técnica, ¿verdad? —quise saber.

—Sí que la practico —repuso. Guy hizo otra pausa, antes de añadir con la voz preñada de angustia y aflicción—. La semana pasada maté a mi hámster.

—¿Con la mirada? —pregunté.

—Sí —me confirmó Guy.

En persona Guy parecía más tranquilo, pero no demasiado. Nos reunimos en la antesala de su estudio de danza. Ahora es abuelo, pero sigue siendo un hombre nervioso y lleno de energía, que camina de un lado a otro de la habitación como un poseso. Lo rodeaban algunos de sus hijos y nietos, y media docena de sus alumnos de Kun Tao permanecían con aire inquieto en los alrededores del estudio. Algo se cocía, eso estaba claro, pero yo no sabía qué.

—¿De modo que usted se lo hizo a su hámster? —le pregunté a Guy.

—¿Eh? —dijo.

—Hámsteres —balbucí, perdiendo de pronto la seguridad en mí mismo.

—Sí —respondió—. Cuando... —Una expresión de perplejidad asomó a su rostro—. Cuando lo hago —dijo—, los hámsteres se mueren.

—¿En serio? —pregunté.

—Los hámsteres me sacan de quicio —dijo Guy, y comenzó a hablar atropelladamente—. No hacen más que dar vueltas y vueltas. Yo quería que dejara de dar vueltas y vueltas. Mi intención era ponerlo enfermo para que se enterrase en el serrín o algo así.

—Pero en cambio le ocasionó la muerte, ¿no?

—¡Lo tengo en una cinta! —saltó Guy—. Lo grabé. Le dejaré ver el vídeo. —Hizo una pausa—. Le encargué a uno que se ocupara del hámster todas las noches.

—¿A qué se refiere? —inquirí.

—Le pedí que le diera de comer y de beber.

—O sea que usted sabía que era un hámster sano —dije.

—Sí —dijo Guy.

—Y entonces se puso a mirarlo fijamente.

—Durante tres días —suspiró Guy.

—Debe de odiar usted a los hámsteres —observé.

—No es que yo quiera hacerles eso a los hámsteres —aseguró Guy—, pero se supone que si has alcanzado el nivel de maestro, tienes preparación suficiente para hacer esa clase de cosas. ¿La vida es sólo un puñetazo y una patada y ya está, o es algo más?

Guy subió a su coche de un salto y arrancó para ir a buscar su vídeo casero de la muerte del hámster. Durante su ausencia, sus hijos Bradley y Juliette instalaron una videocámara y empezaron a grabarme.

—¿Por qué lo hacen? —les pregunté.

Se produjo un silencio.

—Pregúnteselo a papá —dijo Juliette.

Guy regresó una hora después. Traía consigo un fajo de papeles y fotografías, además de un par de videocasetes.

—Ah, veo que Bradley ha colocado la cámara —dijo—. No se preocupe por eso. Lo grabamos todo. No le molesta, ¿verdad?

Guy introdujo la cinta en el reproductor de vídeo, y ambos nos pusimos a ver la grabación.

En ella aparecían dos hámsteres en una jaula. Guy me explicó que estaba mirando fijamente a uno de ellos con el propósito de provocarle malestar y una paranoia manifiesta respecto a su rueda, mientras que el otro debía ser un hámster control, no sujeto a mi mirada. Transcurrieron veinte minutos.

—No conozco bien a los hámsteres —dije—, así que no...

—¡Bradley! —me interrumpió Guy—. ¿Has tenido algún hámster?

—Sí —contestó Bradley.

—¿Alguna vez habías visto a uno hacer algo así?

Bradley entró en la habitación y observó las imágenes por unos instantes.

—Nunca —sentenció al fin.

—¡Fíjese en la mirada de odio que le echa a la rueda! —dijo Guy.

En efecto, el hámster objetivo de repente parecía desconfiar de su rueda. Acurrucado en el otro extremo de la jaula, la miraba con recelo.

—Por lo general ese hámster adora su rueda —afirmó Guy.

—Resulta curioso, desde luego —comenté—, aunque debo reconocer que actitudes como la cautela o la aprensión no son tan fáciles de identificar en los hámsteres.

—Ya, ya —dijo Guy.

—Algunas de las personas que lean esto tendrán hámsteres —señalé.

—Mejor —dijo Guy—. Entonces sabrán lo poco común que es esto. Los que son dueños de hámsteres lo sabrán.

—Mis lectores que tengan hámsteres —convine— sabrán si se trata o no de un comportamiento aberrante... ¡Le ha dado algo! —exclamé.

El hámster se había caído y yacía patas arriba.

—Estoy consiguiendo el fin que me había propuesto —dijo Guy—. ¡Mire! ¡El otro lo está arrollando! ¡Está justo encima del otro hámster! ¡Eso es rarísimo! Un poco de locos, ¿verdad? ¡No se mueve! Ahí se ve que estoy cumpliendo mi objetivo.

El otro hámster se desplomó de costado.

—¡Ha tumbado a los dos hámsteres! —dije.

—No, el otro se ha caído sin más —repuso Guy.

—Ah, vale —dije.

Se impuso un silencio.

—¿Está muerto? —pregunté.

—Las cosas se pondrán aún más extrañas enseguida —aseguró Guy, aparentemente eludiendo la pregunta—. ¡Ahora! ¡Ahora se ponen más extrañas!

El hámster estaba inmóvil, y así permaneció —totalmente inmóvil— durante quince minutos. De pronto, se sacudía y seguía comiendo como antes.

Y allí terminaba la grabación.

—Guy —dije—, no sé qué pensar. Es verdad que el hámster mostraba un comportamiento insólito en comparación con el hámster control, pero por otro lado, no se moría. Creía que me había dicho usted que lo vería morir.

Hubo una breve pausa.

—Mi esposa me ha disuadido —explicó—. Cuando he ido a casa me ha dicho: «No sabemos si el tipo es un progre de esos que se escandalizan por todo. No le enseñes la muerte del hámster. No le enseñes eso. Mejor enséñale las imágenes del hámster comportándose de forma extraña.»

Guy me contó que lo que acababa de ver era una recopilación de los momentos clave de dos días de mirada ininterrumpida. Según él, fue al tercer día cuando el hámster cayó muerto.

—Soy un fantasma —dijo Guy.

Estábamos en la antesala de su estudio de danza, de pie frente al tablón de anuncios, repleto de recordatorios de los éxitos de la familia Savelli. Jennifer Savelli, la hija de Guy, había bailado en *Chicago*, con Richard Gere, y también en la edición 75 de los premios de la Academia del Cine. Sin embargo, en la pared había poca cosa sobre Guy; ni un solo recorte de prensa ni nada por el estilo.

—Nunca habría sabido usted de mí si el coronel Alexander no le hubiera dicho mi nombre —añadió.

Era verdad. Lo único que encontré sobre Guy en los periódicos fue algún que otro breve en el *Cleveland Plain Dealer* relativo a los premios que ganaban sus alumnos en campeonatos locales. La otra faceta de su vida no estaba documentada en absoluto.

Guy rebuscó en los papeles y las fotografías.

—¡Mire! —exclamó—. ¡Eche un vistazo a esto!

Me tendió un diagrama.

—Guy —dije—, ¿esto es Labo Cabras?

—Sí —respondió Guy.

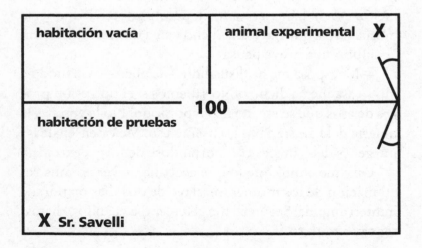

Bradley me filmó en silencio mientras examinaba el diagrama de Labo Cabras.

Luego Guy dejó caer los papeles y las fotografías, que se esparcieron por el suelo. Los dos nos agachamos para recogerlos.

—Oh —murmuró Guy—. Eso no tendría que haberlo visto usted.

Eché una ojeada rápidamente. Momentos antes de que Guy lo escondiera entre otros documentos, alcancé a atisbar lo que se suponía que no tenía que ver.

—Hostia —dije.

—Exacto —dijo Guy.

Era una instantánea borrosa de un soldado agazapado en un campo cubierto de escarcha tras una valla. Al parecer, la fotografía había capturado al soldado en el momento en que mataba a una cabra de un golpe de kárate.

—Dios santo —musité.

—De verdad que eso no tendría que haberlo visto —repitió Guy.

Su historia empezaba con una llamada telefónica que recibió inesperadamente en verano de 1983.

—¿Señor Savelli? —dijo una voz—. Le llamo de las Fuerzas Especiales.

Era el coronel Alexander.

Guy no era un hombre del ejército. ¿Por qué lo habían telefoneado a él? El coronel le explicó que, desde el fallecimiento de su último instructor de artes marciales, Michael Echanis, en 1978, las Fuerzas Especiales prácticamente había eliminado las técnicas de ese tipo de su programa de entrenamiento en Fort Bragg, pero estaban dispuestos a probarlas de nuevo. Le explicaron a Guy que lo habían elegido porque el arte marcial que domina, el Kun Tao, posee una dimensión mística única. Guy les enseña a sus alumnos que «sólo con la integración total de mente, cuerpo y espíritu se puede tener la esperanza de salir ileso. Nuestra intención es formar a los nuestros en este sistema integrado y demostrar a otros que es posible obtener resultados paranormales excepcionales que por lo general se asocian con fábulas para los más jóvenes».

El coronel le pidió a Guy que pasase en Fort Bragg cerca de una semana para tantear el terreno. Le preguntó si podría ocupar el vacío dejado por Michael Echanis, y Guy respondió que lo intentaría.

El primer día, Guy les enseñó a los soldados a romper bloques de hormigón con las manos desnudas, a soportar golpes en la nuca con una vara gruesa de metal y a hacer que a alguien se le olvidara lo que estaba a punto de decir.

—¿Cómo se logra que a una persona se le olvide lo que está a punto de decir? —le pregunté a Guy.

—Es fácil —dijo—. Basta con hacer esto. —Guy crispó el rostro y aulló—: ¡Nooooooo!

—¿En serio? —pregunté.

—¿Ha jugado al billar? ¿No ha errado el tiro alguna vez y gritado «noooo» para distraer a su rival? ¡Entonces él yerra el tiro también! Pues es lo mismo.

—¿El truco está en el tono de voz? —quise saber.

—Tiene que decirlo mentalmente —me aclaró Guy, exasperado—. Tiene que notar esa sensación por dentro.

Fue la tarde del primer día cuando los de las Fuerzas Especiales le comentaron a Guy que tenían cabras. Según Guy, no se acordaba de quién llevaba la voz cantante durante aquella conversación, pero sí recordaba haber anunciado en algún momento de la tarde: «¡Lo intentaremos!»

—Así que, a la mañana siguiente —dijo Guy—, trajeron una cabra, la colocaron donde debía estar y empezamos.

Mientras Guy me contaba esta historia, en el estudio de danza seguía respirándose cierta aprensión. Bradley continuaba grabándome con la cámara. En ocasiones, cuando charlábamos de cosas sin importancia como las vacaciones o el tiempo, me daba cuenta de lo estupenda que era la familia Savelli: muy unida, curtida e inteligente. Sin embargo, cuando retomábamos el tema de las cabras, la atmósfera se enrarecía al instante.

Resultó que la cabra que Guy miró fijamente no había sido *desbalada* ni herida en la pata. Guy había pedido una cabra normal y sana, y eso le habían proporcionado. La condujeron a una habitación pequeña y vacía salvo por un soldado con una cámara de vídeo. Guy se arrodilló en el suelo de otra habitación. Entonces empezó a notar aquella sensación en su interior.

—Visualicé un camino dorado que ascendía al cielo —rememoró—. El Señor estaba allí, y cuando me recibió en sus brazos sentí un escalofrío y supe que hacía lo correcto. Quería encontrar la manera de tumbar a esa cabra. Tenemos una imagen del arcángel san Miguel con una espada, así que me puse a pensar en eso. Imaginé a san Miguel haciendo así con la espada... —Guy imitó el gesto de san Miguel al descargar un violento golpe de espada hacia abajo—, atravesando a la cabra y... —dio una fuerte palmada— haciéndola caer al suelo. Yo apenas podía respirar. Estaba... —fingió que le faltaba el aliento—. Y entonces lo crees —aseguró—. Lo crees de verdad. Al cabo de unos quince minutos, dije: «Lenny, deberías ir a echar un vistazo; no estoy del todo seguro.»

Lenny, de las Fuerzas Especiales, se alejó y entró en la habitación donde estaba la cabra. Cuando regresó, anunció con pasmo y solemnidad: «La cabra ha caído.»

—¿Y eso fue todo? —pregunté.

—Eso fue todo —dijo Guy—. Permaneció un rato ahí echada y luego se levantó.

—¿Y así acaba la historia? —inquirí.

—No —respondió Guy con tristeza—. Ojalá así fuera. Pero al día siguiente querían que lo hiciese de nuevo. Pero esta vez querían que matara a la cabra. «¡Mata a la cabra!», me dijeron.

Se quedó callado, como pensando: «¿Ve usted con qué tuve que lidiar?»

—¿Por qué querían que matara a la cabra? —pregunté.

—Militares —suspiró Guy—. Supongo que pensaron que se podía... en fin.

—Entiendo —dije.

De modo que el tercer día se ideó un nuevo experimento. Guy les pidió a los de Fuerzas Especiales que juntasen a treinta cabras: «Treinta cabras —les dijo—. Y numérenlas. Elegiré un número y tumbaré a la cabra correspondiente.»

En esta ocasión, las Fuerzas Especiales apostaron guardias armados a lo largo del perímetro del Labo Cabras. El día anterior no habían tomado esta medida de seguridad, presumiblemente porque no imaginaban que una cabra mordería el polvo de verdad. Pero esta vez, según me contó Guy, reinaba un ambiente mucho más lúgubre. Treinta cabras, cada una de ellas con un número atado al lomo, fueron conducidas al interior. Guy escogió al azar el número 16 y puso manos a la obra.

No obstante, dijo, en esta ocasión no era capaz de concentrarse. Cada vez que se imaginaba a sí mismo en brazos del Señor, su meditación se veía interrumpida por el recuerdo de un soldado de las Fuerzas Especiales gritándole «mate a la cabra». Llegó a visualizar al arcángel san Miguel, pero justo cuando se disponía a asestar un golpe de espada hacia abajo, el grito de «mate a la cabra» segó de nuevo el vínculo psíquico entre Guy y el animal.

—Me cabreé mucho —recordó Guy—. En fin, cuando Lenny fue a la habitación de al lado a echar una ojeada, resultó que la número diecisiete había caído muerta.

—¿Daño colateral? —pregunté.

—Exacto —contestó Guy.

Y así terminaba su relato, añadió.

Excepto por un último detalle. Diez años después, continuó, tres soldados de las Fuerzas Especiales viajaron en secreto a Cleveland desde Fort Bragg, pues un pajarito les había dicho que Guy había logrado matar una cabra con la mirada en su base. Deseaban saber si el rumor era cierto, comprobarlo en persona. Querían que Guy matara una cabra delante de ellos.

Pero Guy se negó. Ya había matado suficientes cabras para toda una vida. Empezaba a notar que las fuerzas oscuras del Karma se cernían sobre él, de modo que les propuso una solución intermedia: les enseñaría a los soldados a hacerlo por sí mismos. Así pues, los hombres de las Fuerzas Especiales quedaron en verse con Guy en la consulta de un veterinario de la localidad, que había accedido a facilitarles una cabra y un aparato de electrocardiografía.

—¿Implicaron a un veterinario en esto? —pregunté, sorprendido.

—Sí, era un amigo mío —dijo Guy.

—¿Y él les agenció la cabra?

—Sí.

—¿Qué hay del juramento hipocrático? —inquirí.

—¿Qué? —masculló Guy, algo molesto.

—Es que me sorprende que un veterinario civil les

consiga una cabra sana a unos soldados para que intenten matarla con la mirada.

Guy simplemente se encogió de hombros y me indicó que no tenía por qué fiarme de su palabra. Acto seguido, introdujo una cinta en su reproductor de vídeo y pulsó el botón de PLAY.

Entonces vi que era verdad. Una extraña escena parpadeó en la pantalla: el principio de una *snuff movie* con cabras. El animal estaba conectado a un electrocardiógrafo. El veterinario brillaba por su ausencia, pero el sitio era claramente una consulta veterinaria, con títulos en las paredes y varios instrumentos médicos para animales desperdigados por ahí. Dos soldados con uniforme de combate estaban sentados en sillas de plástico tomando apuntes. La cabra soltó un balido. Los soldados siguieron escribiendo. La cabra soltó otro balido. La máquina de electrocardiogramas emitía pitidos. Los soldados tomaron más notas. Guy me dio un golpe suave con el codo en las costillas.

—¡Ja! —exclamó—. ¡Madre mía! —Se rio—. Y aún falta la mejor parte.

—¿Hay alguien mirando fijamente a la cabra? —pregunté.

—Sí —respondió—. Ese tipo.

—¿Cuál de los dos? —insistí—. ¿Ése o ése?

—Ninguno de los dos —dijo Guy—. Ese de ahí.

Guy señaló, en un rincón de la pantalla, algo en lo que yo no había reparado: el zapato de un tercer hombre que estaba justo fuera de plano.

Los balidos, los pitidos y los apuntes prosiguieron durante diez minutos.

—¿Llegaré a ver algún tipo de respuesta física por parte de la cabra? —le pregunté a Guy.

—¡Se está produciendo ahora! —afirmó él—. Fíjese

en la máquina. El ritmo cardíaco era de sesenta y pico, y ahora ha caído a cincuenta y cinco.

—Ah —dije.

Ahí terminaba la grabación. Guy apagó el televisor. Parecía un poco irritado por la desilusión que denotaba mi voz.

—A ver si lo he entendido bien —dije—. Lo que acabo de ver es el nivel uno, ¿no?

—Así es —asintió Guy—. La cabra estaba sujeta a la fuerza vital del hombre situado fuera de plano.

—Y si esto se lleva más lejos —dije—, hasta el nivel dos, la cabra se desploma, se cae, vuelca o se viene abajo.

—Sí —dijo Guy.

—¿O sea que lo del hámster fue de nivel dos?

—Exacto —dijo Guy.

—Y si uno va aún más lejos, la cabra o el hámster mueren.

—Sí. —Guy hizo una pausa—. Pero el nivel uno es alto —aseveró—. ¡Eh, que el nivel uno es alto!

—¿Duele ser el objeto del nivel uno? —quise saber.

—No —dijo Guy.

—Guy —solté temerariamente—, ¿por qué no me paralizas?

Hubo un silencio.

—Esta vez no —respondió Guy con suavidad—. Lo haré cuando vuelvas a venir. Esta vez, mi esposa me ha dicho que no. Ha dicho: «No conoces a esta persona», y es verdad. Ha dicho: «Esta vez no hagas nada.» Ha dicho que me fío demasiado de todo el mundo. Y es verdad. Es verdad, es verdad.

Mi día con los Savelli había llegado a su fin, así que les di las gracias y me preparé para marcharme. Fue entonces cuando Guy me picó en el hombro con el dedo y dijo:

—Hay algo que debe saber.

—¿Qué? —pregunté.

Y me lo dijo.

De pronto todo cobró sentido: el suspiro profundo que oí al otro lado de la línea cuando telefoneé a Guy por primera vez; la cara de susto que pusieron todos cuando vi la instantánea del hombre matando de un golpe de kárate a una cabra en un campo cubierto de escarcha; el hecho de que Bradley no dejara de grabarme con una videocámara. Guy me lo contó todo, y cuando terminó sus explicaciones, jadeé:

—Oh, Dios mío.

Guy asintió con la cabeza.

—La hostia —dije—. ¿En serio?

—En serio —dijo Guy.

—Cielo santo —dije yo.

5

Seguridad Nacional

Seis años antes de que el general de división Albert Stubblebine III fracasara en su intento de atravesar la pared de su despacho en Arlington, Virginia, su despacho no existía. Tampoco existía el INSCOM, el centro de inteligencia y seguridad del ejército de Estados Unidos. Sólo había unidades de inteligencia dispersas desordenadamente por todo el mundo. Según el escritor Richard Koster, que sirvió en el destacamento 470 del cuerpo de contraespionaje en Panamá durante los días anteriores a Stubblebine, aquello era un caos.

—A finales de los años cincuenta —me contó Koster cuando lo telefoneé para preguntarle cómo era la vida en los círculos de la inteligencia militar antes de la aparición de Stubblebine—, se realizaron unas cuantas llamadas desesperadas entre oficiales al mando. «Tenemos que ampliar en gran medida el servicio de inteligencia militar. Queremos que nos cedan a un número X de oficiales. Necesitamos que se reasigne de inmediato a un coronel, tres comandantes, seis capitanes y quince tenientes a inteligencia militar.» ¿Y qué hace uno cuando recibe una llamada así? Uno piensa: «¡Ja! Les cederemos a los más ceporros y gandules.» Y eso hicieron. En general, ésa era más o menos la clase de gente que iba a parar al servicio de inteligencia militar.

—¿Cómo era la situación en Panamá antes de la llegada del general Stubblebine? —le pregunté.

—Las cosas no iban precisamente como una seda —me respondió—. Una vez tuvimos disturbios en la ciudad de Panamá. Mi coronel se me acercó corriendo y dijo: «¿Dónde se están produciendo los disturbios?» «Justo enfrente del Palacio Legislativo», contesté. «¿Dónde está eso?», me preguntó, y le dije: «Vaya usted al hotel Tívoli. Ahí podrá ver lo que pasa desde el balcón.» Me miró como si yo fuera Einstein por tener este... conocimiento.

A finales de la década de 1970, se le encomendó a un general de brigada llamado William Royla la tarea de poner fin a aquel desorden. Debía constituir una especie de CIA para el ejército, que recibiría el nombre de INSCOM. En 1981, el general Stubblebine, muy impresionado por el *Manual de Operaciones del Primer Batallón de la Tierra* de Jim Channon, y plenamente convencido de que Estados Unidos, la gran superpotencia, debía ser defendida por personas con superpoderes, aceptó convertirse en su comandante.

Stubblebine era un hombre formado en West Point con un máster en ingeniería química por la Universidad de Columbia. Se enteró del proyecto del Primer Batallón de la Tierra cuando estaba destinado en la Academia de Inteligencia Militar, en Arizona. Fue su amigo y subordinado, el coronel John Alexander, inventor de la Espuma Pegajosa, quien le informó sobre ello.

Ahora, el general Stubblebine estaba resuelto a transformar a sus 16.000 soldados en un nuevo ejército, un ejército de personas capaces de doblar objetos de metal con la mente y atravesar paredes, y que por tanto no tendrían que volver a pasar por el trauma caótico de una guerra como la de Vietnam. ¿Quién se atrevería a meterse con un ejército como ése?

Por otro lado, cuando Stubblebine ejercía el cargo de comandante del servicio de inteligencia militar, sufrió enormes recortes de presupuesto. Era la época post-Vietnam de reducción de gastos, y el Pentágono quería que sus soldados consiguieran más resultados con menos dinero. Aprender a atravesar muros era un objetivo ambicioso pero económico.

Y así fue como la descabellada visión de Jim Channon, surgida de su depresión poscombate, se abrió paso hasta las más altas esferas de las fuerzas armadas estadounidenses.

Veinte años después, en la habitación 403 del Hilton de Tarrytown, en el norte del estado de Nueva York, después de describir sus intentos fallidos de atravesar la pared, el general Stubblebine echó una ojeada por la ventana.

—Una nube —murmuró.

Los tres presentes —el general, su segunda esposa Rima y yo— nos levantamos de nuestros asientos.

—Cielo santo, Jon, no sé... —dijo el general—. Nunca lo he hecho con una tan grande.

Habíamos esperado durante todo el día a que apareciera una nube del tipo adecuado, un cúmulo para ser más exactos, para que él pudiera demostrarme que era capaz de hacerla estallar con sólo mirarla. De todos sus poderes, aseguraba, éste era el más fácil de exhibir: «Todo el mundo puede verlo —me había prometido—, y cualquiera puede hacerlo.»

—Justo encima de aquel paso entre colinas, allí donde se alzan esos pinos —señaló Rima—. Hazlo con
aquélla.

—Vamos a ver —dijo el general.

Se quedó muy quieto y fijó la vista en el cielo.

—¿Va a intentar hacer estallar aquella de allí? —pregunté—. ¿No está demasiado lejos?

El general Stubblebine me miró como si me faltara un
tornillo.

—Todas están lejos —dijo.

—¡Allí! —exclamó Rima.

Mis ojos escrutaron el cielo nerviosamente intentando localizar la nube que el general quería reventar.

—¡Ha desaparecido! —dijo Rima.

—Por lo visto —confirmó el general—, la nube ha
desaparecido.

Nos sentamos de nuevo, y entonces el general comentó que no estaba seguro. Según él, las nubes estaban mo-
viéndose tan deprisa que era imposible afirmar con una
certeza del cien por cien que él había causado la desapa-
rición. Quizás había sido cosa de la meteorología.

—Es difícil determinar —declaró— quién le estaba
haciendo qué a quién.

Añadió que, a veces, durante los trayectos largos en
coche, Rima conducía mientras él eliminaba las nubes, y
que cuando se trataba de una nubecilla solitaria y algodo-
nosa en un cielo azul, no había lugar a dudas. Él se quedaba mirando, y la nube estallaba. Sin embargo, aquél no
era uno de esos momentos.

En 1983, cuando llevaba dos años al frente del servicio
de inteligencia militar, la búsqueda del general Stubblebine de un milagro indiscutible adquirió un carácter urgen-
te. Necesitaba algo que satisficiese a sus oficiales superio-

res del Pentágono y lo necesitaba cuanto antes, pues su puesto peligraba.

El general Stubblebine estaba frustrado por su pertinaz incapacidad de atravesar la pared. ¿Qué problema tenía que le impedía conseguirlo? Tal vez tenía sencillamente demasiados asuntos pendientes para poder concentrarse debidamente en ello. El general Manuel Noriega, sobre todo, le estaba causando bastantes dolores de cabeza en Panamá. Noriega estaba en la nómina del servicio de inteligencia de Estados Unidos desde que, en los años setenta, el director de la agencia, George Bush, había autorizado su contratación, pero ahora se había descontrolado.

Los homólogos del general Stubblebine en la CIA habían estado utilizando la red de pistas de aterrizaje secretas de Panamá para llevarle armas a la Contra nicaragüense. Una vez entregado el material, los aviones regresaban a Panamá para repostar combustible y volar de vuelta a Estados Unidos. Noriega aprovechaba la oportunidad para cargarlos de cocaína. Y así fue como la CIA acabó implicada en el tinglado de la droga de Noriega. Esta incómoda alianza estaba provocando paranoia en ambas partes, y cuando el general Stubblebine visitó Panamá, se puso furioso al descubrir que Noriega había ordenado que colocaran micrófonos ocultos en su habitación de hotel.

Fue en ese punto cuando la batalla entre los dos generales —Noriega y Stubblebine— entró en el terreno de lo sobrenatural. A Noriega le dio por atarse cintas negras al tobillo y meterse en los zapatos pedacitos de papel con nombres escritos para protegerse de las maldiciones que sus enemigos lanzaran contra él. Quizás andaba por la ciudad de Panamá con la palabra «Stubblebine» escondida en el zapato en el preciso instante en que el general intentaba atravesar la pared. ¿Cómo iba a concentrarse el general Stubblebine en traspasar objetos mientras todas esas cosas de locos sucedían a su alrededor?

Contraatacó enviando a su gente a espiar a Noriega. Se trataba del equipo de Fort Meade, que trabajaba desde un edificio de madera declarado en ruinas junto a un camino boscoso de Maryland y que, como no existía oficialmente, no tenía presupuesto para café, cosa que ellos se tomaban bastante a mal. Además, empezaban a perder la chaveta. Sus despachos eran claustrofóbicos, y muchos de ellos ni siquiera se caían bien de entrada. Uno de ellos, un comandante de nombre Ed Dames, se había aficionado a estudiar psíquicamente al monstruo del lago Ness durante los meses de inactividad, cuando el ejército no les encargaba mucho trabajo psíquico oficial. Llegó a la conclusión de que era el fantasma de un dinosaurio. Este descubrimiento irritó a algunos de los demás, pues les pareció acientífico y poco verosímil. Otro espía psíquico, David Morehouse, ingresaría poco después en un hospital psiquiátrico como consecuencia de un exceso de espionaje psíquico.

No podían abrir su puerta trasera. Estaba cerrada con llave y la habían pintado docenas de veces a lo largo de los años, de modo que había quedado pegada al marco. Nadie sabía dónde estaba la llave. Un día especialmente caluroso, en que estaban al borde del desmayo ahí dentro, la conversación se desvió hacia la posibilidad de abrir la puerta a patadas para que corriese un poco el aire.

—No podemos —dijo Lyn Buchanan—. No existimos. Si la abrimos a patadas, nadie vendrá a arreglarla.

(Fue Lyn Buchanan quien me refirió esta anécdota cuando me reuní con él en el verano de 2003 en un hotel de Las Vegas.)

—Dejádmelo a mí —dijo el espía psíquico Joe Mc-Moneagle. Desapareció y volvió veinte minutos después con un dibujo detallado y telepáticamente captado de la llave perdida. A continuación, Joe McMoneagle fue en coche a una cerrajería de la ciudad, donde le hicieron una copia de la llave basada en el dibujo. Después, regresó al edificio, abrió la cerradura de la puerta trasera y arrancó la pintura que la atrancaba.

—Ah, Joe es bueno —comentó Lyn Buchanan—. Joe es muy bueno.

Visité a Joe McMoneagle unos meses después. Actualmente vive en Virginia. Le mencioné la historia de Lyn Buchanan sobre la llave. Cuando terminé de contarle lo que Lyn había dicho, Joe sonrió con cierto aire de culpabilidad.

—Yo, esto... en realidad forcé la cerradura —admitió.

Explicó que la supuesta hazaña había deslumbrado tanto a Lyn y había elevado tanto la moral de los espías psíquicos que él no había tenido valor para confesarles que la había abierto por medios no psíquicos.

Las condiciones de trabajo en Fort Meade eran tan lamentables que una teoría conspiratoria empezó a gestarse dentro de sus destartaladas paredes. Allí estaban ellos, unos soldados cuidadosamente seleccionados e iniciados en una elite militar psíquica ultrasecreta cuyas actividades habían resultado ser de lo más aburridas. Por consiguiente, Lyn Buchanan y algunos de sus colegas habían llegado a creer que debía de haber otra unidad psíquica secreta, más profundamente incrustada en la estructura del ejército y presumiblemente con una oficina más glamurosa que la suya.

—Me dio por pensar que estábamos allí para que nos pillaran —rememoró Lyn cuando me entrevisté con él en Las Vegas.

Lyn es un hombre de mirada amable y aspecto campechano que —pese a las condiciones laborales penosas— recuerda su época en aquella vieja oficina como la más feliz de su vida.

—¿A qué se refiere con eso de que estaban allí para que les pillaran? —le pregunté.

—¿Sabe una cosa? —dijo Lyn—. Si el *National Enquirer* se hubiera olido algo, el ejército podría haber declarado: «Sí, contamos con una unidad psíquica secreta. Helos aquí.»

El plan era cargarles el muerto a los parapsicólogos de la unidad —aventuró Lyn con cierta amargura— para que los otros parapsicólogos, fueran quienes fuesen, pudieran seguir adelante con sus tareas aún más secretas.

De modo que en el verano de 1983, cuando el general Stubblebine le pidió al equipo que adivinase qué habitación de un chalé de la ciudad de Panamá albergaba a Noriega y qué pensaba él allí dentro, pasaron a la acción, encantados por tener algo que hacer.

Al mismo tiempo, el general Stubblebine le indicó a un equipo de espías convencionales que alquilase un piso a unas casas de distancia del chalé de Noriega. El tiempo apremiaba. En cuanto los espías psíquicos de Fort Meade le comunicaron el resultado de sus adivinaciones, el general Stubblebine telefoneó a los espías convencionales a Panamá y les ordenó que saltasen el muro del chalé, entraran subrepticiamente y colocaran micrófonos en el dormitorio de Noriega. Por desgracia, cuando la operación encubierta estaba en marcha, dos de los perros guardianes de Noriega detectaron la presencia de los intrusos y persiguieron a los espías convencionales, que tuvieron que escalar de nuevo el muro para salir.

En respuesta a esta agresión, el general Noriega se

puso al cuello un amuleto enorme y se trasladó en coche a una playa cercana donde su hechicero personal, un brasileño llamado Ivan Trilha, erigió una cruz iluminada para ahuyentar a los agentes de inteligencia estadounidenses.

El general Stubblebine también tenía adversarios en casa. Su oficial superior, el general John Adams Wickham, jefe del estado mayor del ejército americano, no era un entusiasta de lo paranormal. El general Stubblebine había intentado impresionarlo en una fiesta de gala de alto nivel celebrada en un hotel de Washington sacándose del bolsillo del esmoquin un cubierto doblado, pero el general Wickham retrocedió horrorizado.

El motivo de su reacción se encuentra en Deuteronomio, capítulo 18, versículos 10-11:

> No sea hallado en ti quien haga pasar a su hijo o a su hija por el fuego, ni quien practique adivinación [...], ni encantador, ni adivino, ni mago, ni quien consulte a los muertos.

El general Wickham creyó —y de hecho se lo dijo a sus colegas— que Satanás se había apoderado del alma del general Stubblebine. Era Satanás, y no el general Stubblebine, quien había doblado el tenedor.

El general Wickham ha seguido infundiendo respeto en administraciones posteriores de la Casa Blanca, entre ellas la de George W. Bush. En su autobiografía, Colin Powell se refiere a él como «mi mentor» en dos ocasiones, y en junio de 2002 a Wickham se le otorgó el premio «Inspiración Americana» por su trabajo como miembro del Equipo de Oración Presidencial, una comunidad de unos tres millones de estadounidenses que se conectan todas las semanas a *presidentialprayerteam.org* para saber por qué deben rezar:

> Rezad por los esfuerzos que se están llevando a cabo en la guerra contra el terrorismo, a fin de que el Presidente y todas sus fuentes de inteligencia obtengan la información más útil para salvaguardar Estados Unidos. Rezad por que Dios les confiera la sabiduría para saber interpretar cada uno de los datos. Rezad por la eficacia de una nueva iniciativa de toma de huellas digitales que ayudará a controlar a los viajeros extranjeros que lleguen a Estados Unidos. Rezad por los lazos fuertes entre el señor Bush y el señor Blair. Rezad por que el Señor siga guiando al Presidente en sus deliberaciones con el Reino Unido.

Y así sigue y sigue. El general Stubblebine quizá le comentó al general Wickham que los grupos de oración no eran tan distintos de quienes doblaban cucharas, pues tanto unos como otros intentaban aprovechar el poder de la mente para influir en las cosas a distancia, pero el enemigo invencible del general respecto a este razonamiento era el Deuteronomio 18: 10-11.

Curiosamente, había algo que el general Wickham no sabía, y era que Stubblebine había cometido cada una de las abominaciones contra el Señor arriba enumeradas durante su mandato como jefe del servicio de inteligencia militar, salvo la de hacer pasar a su hijo o hija por el fuego, aunque él mismo sí que había caminado sobre ascuas en las montañas de Virginia, bajo la tutela del gurú de la autoayuda Anthony Robbins.

La interpretación estricta del Deuteronomio por parte del general Wickham estaba haciendo insostenible la posición del general Stubblebine, y de ahí su urgencia por obrar un milagro indiscutible. En su casa de Arlington, sus intentos nocturnos de levitar resultaban infructuosos. El general también achacó este fracaso a su siempre creciente lista de asuntos pendientes, y fue por eso por lo que voló a Fort Bragg con la intención de convencer a los de las Fuerzas Especiales de que tratasen de reventarles el corazón a los animales con sólo la fuerza de la mirada. Aunque él no disponía de tiempo para perfeccionar sus poderes, tal vez ellos sí.

Es difícil adivinar si el general Stubblebine habría encontrado a su alma gemela en su comandante en jefe, el presidente Reagan. Al parecer, el presidente nadaba entre dos aguas. Su jefe de gabinete, Donald Regan, escribió en sus memorias que «prácticamente todas las medidas y decisiones que tomaron los Reagan durante la época en que fui jefe de gabinete de la Casa Blanca las consultaban antes con una mujer de San Francisco que confeccionaba horóscopos para asegurarse de que los planetas tuviesen una alineación propicia para el proyecto».

Esa mujer, cuyo nombre era Joan Quigley, fijó el momento exacto en que el presidente debía firmar el Tratado sobre Armas Nucleares de Medio Alcance en 1987. Joan Quigley utiliza ahora el título presuntamente no autorizado de «astróloga presidencial Joan Quigley».

Por otra parte, el presidente compartía con su amigo el general Wickham un respeto reverencial por los fundamentos de la Biblia. Cuando los estados de Arkansas y Luisiana aprobaron una ley que obligaba a las escuelas públicas a enseñar las tesis creacionistas, el presidente aplaudió la iniciativa y anunció: «¡La Norteamérica religiosa está despertando!»

Cuando telefoneé al general Wickham para pedirle su

versión de lo ocurrido en aquella fiesta de gala, él me dijo que la recordaba con claridad. Sí, había retrocedido, admitió, pues como cristiano debía aceptar que lo sobrenatural está allí y que a veces se manifiesta de forma inquietante. A pesar de todo, el general Stubblebine era, a grandes rasgos, «uno de los buenos».

—La verdad es que me intrigó un poco —me confesó.

El general Stubblebine, al percibir un atisbo de curiosidad en el rostro del general Wickham en aquella fiesta, había comprendido que aquél podía ser un momento crucial en la historia militar. Si lograba encandilar al jefe del estado mayor, conocido por su profunda fe cristiana, por medio de una demostración de poderes paranormales, ¿se habría dado un primer paso hacia el reconocimiento de lo sobrenatural por parte de las fuerzas armadas de Estados Unidos?

Fue por eso por lo que el general Stubblebine aprovechó la ocasión para decirle al general Wickham:

—Puedo hacerlo ahora mismo. Puedo doblar una cuchara delante de usted en este instante, si lo desea.

Y ése fue el error de Stubblebine, en opinión del general Wickham.

—Yo no quería que doblara una cuchara en medio de una fiesta —alegó—. No era el lugar oportuno.

Fue justamente esta tendencia al entusiasmo excesivo la que llevó al general Stubblebine a una jubilación anticipada forzosa.

Sin embargo, la guerra sobrenatural contra Manuel Noriega no terminó con la marcha del general Stubblebine. Cinco años después, en diciembre de 1989, Estados Unidos lanzó la operación Causa Justa para derrocar a Noriega y juzgarlo por contrabando de cocaína. Pero cuando las tropas norteamericanas llegaron a Panamá, se encontraron con que Noriega se había escondido en algún sitio.

Una agencia del gobierno estadounidense (el sargento Lyn Buchanan me dijo que no recordaba cuál, pero que de todos modos aquello seguía siendo información clasificada) mandó llamar a los espías psíquicos. ¿Dónde estaba Noriega? Lyn Buchanan, dentro del edificio de madera en Fort Meade, entró en trance y recibió «una señal intensa respecto a la ubicación de Noriega».

—Preguntadle a Kristy McNichol —escribió una y otra vez en un papel—. Preguntadle a Kristy McNichol.

El sargento Buchanan estaba convencido de que la actriz televisiva Kristy McNichol, que aparecía en *Starsky y Hutch*, la miniserie de la ABC *Family*, *La mujer biónica* y *Vacaciones en el mar II*, tenía la clave para averiguar el paradero del general Noriega. Por aquel entonces, en diciembre de 1989, Kristy McNichol acababa de grabar el especial de la CBS sobre los cuarenta años del programa «Candid Camera», había hecho una aparición estelar en *Se ha escrito un crimen* y había actuado en el *thriller* erótico *Two Moon Junction*.

—Preguntadle a Kristy McNichol —escribía sin parar Lyn, sumido en trance.

Lyn Buchanan interrumpió su relato en este punto y dijo que no sabía si alguien había llevado a cabo alguna acción basada en su adivinación. Me explicó que, por la estructura de la unidad psíquica, cuando comunicaba sus adivinaciones a sus superiores, rara vez se le informaba sobre lo que sucedía después. No tenía idea de si las autoridades del país se habían puesto o no en contacto con Kristy McNichol.

Entonces decidí averiguarlo por mí mismo. Le mandé un mensaje de correo electrónico en el que le preguntaba si por casualidad sabía dónde se escondía el general Manuel Noriega en diciembre de 1989, y si yo era el primero que se dirigía a ella para tratar ese tema o había habido otras personas, como por ejemplo agentes del servicio de inteligencia.

Nunca recibí respuesta.

A los agnósticos de a pie nos cuesta aceptar la idea de que nuestros líderes y los de nuestros enemigos a veces creen que los asuntos mundiales deben manejarse con medios tanto ordinarios como sobrenaturales.

En el transcurso de un par de años me puse en contacto con el mayor número posible de personas que habían tenido trato con Jim Channon durante su odisea californiana de finales de los setenta. Uno de ellos era Stuart Heller. Había conocido a Jim a través de su amiga común Marilyn Ferguson, célebre autora de *La conspiración de Acuario*. Stuart me aseguró que Jim era «sencillamente maravilloso».

En la actualidad, Stuart enseña a los ejecutivos de empresa el arte del control del estrés. Hace visitas a las oficinas de Apple, AT&T, el Banco Mundial y la NASA y asesora a sus directivos respecto a cómo permanecer centrados y tranquilos en medio del ajetreo del lugar de trabajo. Es uno de los numerosos gurús que viajan de una empresa a otra por todo Occidente, cumpliendo la profecía que hizo Jim en 1979: «La idea que aflora hoy en la costa llegará a ser un valor aceptado en todo el país dentro de diez años.»

En cierto momento de mi conversación con Stuart, le pregunté de pasada si conocía a alguien que fuera la personificación del Primer Batallón de la Tierra.

—Bert Rodríguez —me respondió Stuart al instante.

—¿Bert Rodríguez? —dije.

—Es un maestro de artes marciales que está en Florida —aclaró Stuart—. Mi hermano menor es alumno suyo. Nunca he conocido a nadie como Bert. Su gimnasio siempre está lleno de ex soldados, ex miembros de las Fuerzas Especiales y espías. Y el delgaducho de mi hermanito allí en medio.

Introduje el nombre «Bert Rodríguez» en un motor de búsqueda de Internet, y en mi pantalla apareció la imagen de un cubano de aspecto impetuoso con el cráneo afeitado y un bigote negro, fotografiado en el momento en que estampaba a un hombre corpulento y sudoroso contra la pared de su gimnasio, el US I Fitness Center de Dania Beach, Florida.

—Una vez Bert le indicó a mi hermano que se tendiera en el suelo —me contó Stuart—. Le puso un pepino en el pecho, se vendó los ojos y ¡pam! Cortó el pepino en dos con una espada de samurái sin hacerle ni un rasguño a mi hermano. ¡Y con los ojos vendados!

—Carajo —dije.

—Bert es uno de los tipos más espirituales que he conocido —comentó Stuart—. No, «espiritual» no es la palabra adecuada. Es *ocúltico*. Es como la encarnación viviente de la muerte. Puede inmovilizarte a distancia. Tiene la facultad de influir en la realidad física sólo con la mente. Si capta tu atención puede inmovilizarte sin siquiera tocarte. —Stuart hizo una pausa—. Pero él no se expresa así. Es el tipo que mejor representa el Primer Batallón de la Tierra de todos los que conozco, pero no es capaz de verbalizarlo. Es un luchador callejero de Cuba. Con Bert se trata de algo instintivo, pero todo el mundo se da cuenta. Por eso la gente acude a él para que los entrene.

En abril de 2001, Bert Rodríguez aceptó a un nuevo alumno que se llamaba Ziad Jarrah. Éste se había presentado un día en el US 1 Fitness Center, diciendo que había oído que Bert era bueno. Sólo cabe especular sobre el motivo por el que Ziad eligió a Bert entre todos los instructores de artes marciales que hay desperdigados por la costa de Florida. Quizá la fama particularmente paranormal de Bert le precedía, o tal vez era por sus contactos en el ejército. Además, Bert había entrenado al jefe de seguridad de un príncipe saudí. Posiblemente fue ésta la razón.

Ziad le dijo a Bert que era un empresario que viajaba mucho y quería aprender a defenderse en caso de que lo atacara un grupo de personas.

—Ziad me cayó muy bien —aseveró Bert Rodríguez cuando lo llamé—. Era muy modesto, muy callado. Estaba en buena forma. Era muy diligente.

—¿Qué le enseñó usted? —le pregunté.

—La llave estranguladora —contestó Bert—. Se usa para hacer que alguien pierda el sentido o para matarlo. Le enseñé la llave estranguladora y le inculqué el espíritu kamikaze. Todos necesitamos un código por el que morir, un deseo que nos impulse a jugarnos la vida. Eso es lo que nos da un sexto sentido, la capacidad de leer la mente del rival y saber si se está marcando un farol. Ya te digo. Le enseñé la llave estranguladora y el espíritu kamikaze. Ziad jugaba al fútbol. Yo preferiría mil veces contar con la ayuda de un futbolista en una pelea que con la de un cinturón negro de taekwondo. El futbolista sabe esquivar y tirarse.

Hubo un silencio.

—Ziad era como Luke Skywalker —dijo Bert—. ¿Se acuerda de cuando Luke avanza por el camino invisible? Uno tiene que creer que está ahí. Y si uno lo cree, realmente está ahí. Ya te digo. Ziad lo creía. Era como Luke Skywalker.

Bert entrenó a Ziad durante seis meses. Simpatizó con él y se sentía identificado con él por la educación estricta que éste había recibido en el Líbano. Le regaló a su discípulo ejemplares de tres de sus manuales de combate con arma blanca, y Ziad se los dio a su vez a un amigo suyo, Marwan al-Shehhi, que se alojaba en la habitación 12 de Panther Motel & Apartments en Deerfield Beach, Florida.

Esto lo sabemos porque cuando Marwan al-Shehhi se marchó del motel Panther el 10 de septiembre de 2001, dejó un manual de vuelo para el Boeing 757, una navaja, un saco de lona negro, un diccionario inglés-alemán y tres libros de artes marciales escritos por Bert Rodríguez, el hombre a quien Stuart Heller había calificado de «el tipo que mejor representa el Primer Batallón de la Tierra de todos los que conozco».

Marwan al-Shehhi tenía veintitrés años cuando se fue del motel Panther, voló a Boston, cambió de avión, tomó el control del vuelo 175 y estrelló el aparato contra la torre sur del World Trade Center.

Ziad Jarrah tenía veintiséis años cuando se hizo con el mando del vuelo 93 de United Airlines, el avión que cayó en un campo de Pensilvania cuando se dirigía a la ciudad de Washington.

—¿Sabe qué? —dijo Bert—. Creo que el papel que tenía asignado Ziad era el de secuestrador con cerebro. Debía permanecer en segundo plano y asegurarse de que el trabajo se hiciera bien, de que el secuestro del avión se llevase a cabo correctamente. —Bert hizo una pausa—. Si quieres a tu hijo y se convierte en asesino en serie, no por eso dejas de quererlo, ¿no?

La implicación de Guy Savelli en la guerra contra el terrorismo empezó cuando media docena de desconocidos, cada uno con pocos días de diferencia respecto a los demás, se pusieron en contacto con él por medio de mensajes de correo electrónico y llamadas telefónicas en el verano de 2003. Le preguntaron si tenía el poder de matar cabras psíquicamente. Guy se quedó perplejo. Él no iba por ahí jactándose de ello. ¿Quiénes eran esos hombres? ¿Cómo sabían lo de las cabras? Intentó adoptar un tono de despreocupación y dijo: «Claro que puedo.»

Acto seguido, telefoneó a las Fuerzas Especiales.

Les aseguró que todos los que se habían comunicado con él eran musulmanes, salvo tal vez un tipo británico (yo). Los demás le enviaban sus mensajes de correo electrónico desde países inequívocamente islámicos; del Eje del Mal, de hecho. Esto nunca le había sucedido antes. ¿Era posible que perteneciesen a Al-Qaeda? ¿Eran agentes de Bin Laden que pretendían aprender a matar gente con la mirada? ¿Se estaba gestando una subdivisión paranormal de Al-Qaeda?

Los de Fuerzas Especiales le indicaron a Guy que se reuniese conmigo, porque con toda probabilidad yo también pertenecía a Al-Qaeda.

«Tenga cuidado con lo que le dice», le aconsejaron.

Según me enteré después, las Fuerzas Especiales incluso se habían comunicado por teléfono con Guy la misma mañana que yo lo había visitado. Mientras yo iba a por unos cafés al Red Lobster, ellos llamaron a Guy y le dijeron: «¿Ha aparecido ya? Ándese con ojo. Y fílmelo. Grábelo en una cinta de vídeo. Queremos saber quién es esta gente...»

No estoy seguro de en qué momento del día que pasamos juntos Guy llegó a la conclusión de que yo no era un terrorista islámico. Quizá fue cuando me contaron que su hija había bailado con Richard Gere en *Chicago* y yo chillé: «¡Catherine Zeta-Jones está fabulosa en esa peli!»

Hasta un terrorista de Al-Qaeda infiltrado hasta el cuello habría evitado parecer tan amanerado.

Sí sé que durante toda nuestra conversación sobre los hámsteres, Guy seguía convencido de que yo no era un periodista de verdad. Cuando le hablé de mis «lectores propietarios de hámsteres» Guy me había mirado con recelo porque dudaba que tuviera lectores de ningún tipo y sospechaba que yo no informaría al público sobre lo que estaba viendo, sino a una célula terrorista.

Ésta fue la razón —según me explicó Guy— por la que se había alterado tanto cuando yo atisbé la instantánea del soldado matando a una cabra de un golpe de kárate. Me reveló que no se trataba de un golpe de kárate común y corriente, sino del toque mortal.

—¿El toque mortal? —pregunté.

Guy me habló del toque mortal. Se trataba, me dijo, del legendario *dim mak*, también conocido como palma temblorosa. El toque mortal es un golpe muy leve. La cabra no acaba machacada ni mucho menos. No se le desgarra la piel. Ni siquiera sufre magulladuras. La cabra se queda ahí de pie, con expresión de aturdimiento, durante cerca de un día, y de pronto cae de costado, muerta.

—Imagínese qué pasaría si Al-Qaeda tuviera un poder semejante —dijo Guy—. Matar con la mirada es una cosa; el toque mortal es otra muy distinta. Por eso nos pusimos como locos cuando vio usted la foto. Todavía no sabíamos si era o no de Al-Qaeda.

Así pues, la vida de Guy había tomado un rumbo nuevo y extraño. ¿Iba a ser profesor de baile y artes marciales de día, y agente secreto de noche, infiltrado en la antes desconocida unidad paranormal de Al-Qaeda?

Guy y yo mantuvimos el contacto a lo largo de las semanas siguientes.

—Me he reunido con gente de otro departamento —me dijo durante una conversación telefónica.

—¿Seguridad Nacional? —pregunté.

—No puedo decírtelo —repuso Guy—, pero están seguros de que uno de los que se comunicó conmigo es de Al-Qaeda. Completamente seguros.

—¿Cómo lo saben? —pregunté.

—Han comprobado el nombre —respondió— y también el número de teléfono. Figura en una lista.

—¿Qué te ha dicho la gente del servicio de inteligencia? —inquirí.

—Han dicho: «Sí, sí. Es uno de ellos, sin duda.»

—¿De Al-Qaeda?

—De Al-Qaeda —confirmó Guy.

—¿Te están utilizando como cebo? —pregunté.

—Ésa es la impresión que da —dijo Guy—. La cosa empieza a dar yuyu.

—Te están utilizando como cebo —afirmé.

—Ya ves, Jon —murmuró Guy—. Esta gente del servicio secreto me trata como si fuera un perro. ¡Un perro! Les dije: «Tengo familia.» «Ya, ya», me contestaron. «Eso de tener familia es muy bonito.» Somos totalmente prescindibles. Voy a acabar colgado de una farola. Colgado de una farola de mierda.

En ese momento, oí a la esposa de Guy comentar: «Eso no hace ni puta gracia.»

—Aguarda un momento —dijo Guy.

Trabó una discusión con su esposa que no alcancé a oír con claridad.

—Mi mujer opina que no debería hablar de esto por teléfono —me dijo—. Tengo que colgar.

—¡Mantenme informado! —le pedí.

Y así lo hizo. A medida que cambiaban los planes para desarticular la presunta subdivisión paranormal de Al-Qaeda, Guy me ponía al corriente del desarrollo de los acontecimientos. El plan A consistía en que Guy invitara a esa gente a Estados Unidos. Luego, los del servicio de inteligencia cambiaron de idea y le dijeron a Guy: «No los queremos aquí.»

El plan B, mucho más arriesgado, era que Guy se desplazase al país de aquellas personas. Los adiestraría en algún poder psíquico relativamente inofensivo y mientras tanto enviaría a Estados Unidos informes sobre todo lo que viera y oyera.

—Ni de coña —les contestó Guy.

El plan C consistía en que Guy se encontrase con ellos en terreno neutral; Londres, por ejemplo. O Francia. El plan C satisfizo a ambas partes y al parecer era el que tenía más posibilidades de prosperar.

—Me encantaría que vinieras conmigo, joder —dijo Guy.

Me reenvió un mensaje de correo electrónico que, según él, estaba escrito «sin la menor sombra de duda» por un agente de Al-Qaeda. Decía:

Querido sir Savelli:

Espero que esté usted bien y con salud. Estoy ocupado en mi campeo nato, mi campeo nato va muy bien. Sir Savelli, por favor, dígame si cumplo requisitos para afiliación a su Federación, por favor, dígame en detalle cuál es el proceder.

Y eso era todo. Por lo visto había dos explicaciones posibles: o Guy estaba implicado en una operación antiterrorista de enorme envergadura, o un desafortunado joven que practicaba artes marciales y no quería otra cosa que inscribirse en la federación de Guy estaba a punto de ser enviado a Guantánamo. Sólo nos quedaba esperar.

6

Privatización

Hasta el momento, ésta ha sido la historia de unos proyectos secretos emprendidos clandestinamente en bases militares de Estados Unidos. De vez en cuando, los resultados tangibles de estos experimentos encubiertos han pasado a formar parte de la vida cotidiana, pero siempre a años luz de sus raíces sobrenaturales. Ninguna de las personas que tuvieron algo que ver con la Espuma Pegajosa del coronel Alexander, por ejemplo —ni los presos que quedaron inmovilizados por la sustancia en su celda, ni los equipos de televisión que grabaron imágenes de su uso parcialmente desastroso en Somalia, ni, diría yo, los soldados que la llevaron consigo a Iraq con la intención de rociarla sobre todas las armas de destrucción masiva—, sabía que era producto de una iniciativa paranormal de finales de los setenta.

Sin embargo, en 1995, aquella locura de la comunidad militar se coló de pronto en la vida civil de forma notoria. La responsable de ello fue una discípula aventajada pero descarriada del general Stubblebine.

Esto fue lo que ocurrió:

Cuando era niña, en la década de 1970, a Prudence Calabrese le encantaban la serie de televisión *Dr. Who* y los documentales científicos. Creció en una mansión destartalada de Nueva Inglaterra. Las noches de sábado, cuando sus padres no estaban en casa, los niños sacaban su tablero de Ouija casero e intentaban ponerse en contacto con la antigua propietaria, que al parecer se había ahorcado en el granero porque era alcohólica y poco apreciada por los vecinos. Celebraban sesiones de espiritismo con los amigos que invitaba a dormir a su casa.

—Queríamos vivir experiencias insólitas —me contó Prudence cuando estábamos sentados a la mesa de su cocina en Carlsbad, San Diego—. Nos reuníamos, encendíamos velas, apagábamos las luces e intentábamos hacer que una mesa se elevara con sólo tocarla.

—¿Y alguna vez llegó a elevarse? —pregunté.

—Pues sí —respondió Prudence—. Pero éramos críos. En retrospectiva, pienso que es posible que la mesa se elevara porque todos hacíamos un poco más de esfuerzo.

—¿Con las rodillas? —aventuré.

—Sí —respondió Prudence—. Es difícil saberlo.

Algunas noches, ella y sus amigos salían corriendo de la casa para intentar avistar ovnis. Una vez les pareció haber visto uno.

Prudence estudiaba en la universidad de su localidad cuando se quedó embarazada, con dieciocho años. Dejó los estudios y se puso a trabajar como encargada de un parque de caravanas cercano con Randy, su primer marido. Se ganaba un sobresueldo bailando disfrazada de cerdo en una feria estatal. Luego volvió a la universidad, estudió física, dejó otra vez los estudios, tuvo cuatro hijos más, dio clases de danza del vientre a jubilados de Indiana y al fin acabó viviendo con Daniel, su nuevo marido, en un apartamento de Atlanta y llevando un negocio de diseño de páginas web. Fue allí donde, una noche de 1995, Prudence encendió el televisor. Un militar apareció en la pantalla.

—¿Qué era lo que estaba diciendo? —le pregunté a Prudence—. ¿No decía algo así como que era un Obi-Wan Kenobi de carne y hueso?

—Ésas fueron sus palabras textuales —dijo Prudence—. «Un Obi-Wan Kenobi de carne y hueso.»

—¿Trabajaba para el ejército norteamericano?

—Trabajaba para el ejército norteamericano —asintió Prudence.

—¿Y hasta ese momento nadie sabía que esa gente existía? —quise saber.

—Así es —respondió Prudence—. Hasta entonces los habían mantenido totalmente a la sombra. Él estaba contando que gracias a su poder mental tenía a su alcance todas las cosas del universo, y que los militares los utilizaban, a él y a otros espías psíquicos, para prevenir guerras y descubrir secretos de otros países. Decía que llamaban a su poder «visión a distancia». Eso. Según su declaración, formaba parte de un equipo secreto de espías psíquicos, y él era uno de los líderes de la unidad. No tenía para nada el aspecto que cabría esperar de alguien así. No parecía alguien con superpoderes secretos.

—¿Qué aspecto tenía?

Prudence se rio.

—Era bajito y escuchimizado, y llevaba un peinado hortera de los setenta y bigote. No es sólo que no tuviera pinta de espía psíquico; es que ni siquiera tenía pinta de militar. Parecía un tipo raro de los que uno ve por la calle.

El hombre que salía en la tele aseguró que tenía una

autorización del más alto nivel, y que conocía el paradero exacto de Sadam Husein y el arca perdida de la Alianza. Prudence se quedó maravillada. Mientras miraba el
televisor, sus pasiones olvidadas de la infancia acudieron
de pronto a su memoria: el tablero Ouija, *Dr. Who*, los
trabajos de ciencias que hacía en el colegio.

—Me acordé de por qué me entusiasmaba tanto la
ciencia ficción y leer todas aquellas historias de personas
con poderes psíquicos y extraterrestres —me dijo.

Prudence decidió en ese instante que eso era lo que
deseaba hacer con su vida. Quería ser como el hombre de
la tele, saber lo que él sabía, ver lo que él podía ver.

Se trataba del comandante Ed Dames.

El general Albert Stubblebine había accedido de buen
grado a hablarme de su incapacidad para atravesar paredes y levitar, así como de su aparente fracaso a la hora de
intentar despertar el interés de las Fuerzas Especiales por
su idea de reventar el corazón a animales. Me refirió estos
incidentes con jovialidad, a pesar de que seguramente no
eran recuerdos gratos para él. El único momento de nuestra entrevista en que una expresión de angustia asomó a
su rostro fue cuando la conversación derivó hacia el tema
de su alumno prodigio, el comandante Ed Dames.

—Me molestó mucho lo mal que hablaba —comen-
tó—. Allí estaba, que si patatín, que si patatán, que si esto,
que si lo otro. —El general hizo una pausa—. Patatín,
patatán; patatín, patatán —dijo con tristeza—. Si había
alguien que merecía que le pusieran una mordaza, era Ed
Dames. Saltaba a la vista que se había puesto a soltar el
rollo cuando lo que debía hacer era escuchar. Me sentó
bastante mal, por cierto.

—¿Por qué?

—Él había hecho el mismo juramento que yo: «Juro que no divulgaré lo que sé.» Pero bien que corrió a contárselo a medio mundo, sacando pecho. «¡Yo fui uno de ellos!» Quería ser rey.

Ed Dames había sido uno de los hombres a quienes el general Stubblebine reclutó en persona. Cuando el general tomó las riendas de la unidad psíquica secreta en 1981, permitió a un puñado de militares entusiastas unirse al programa. Hasta entonces, la investigación psíquica por parte del gobierno de Estados Unidos había estado principalmente en manos de tres personas: un ex policía y contratista de obras llamado Pat Price, y dos soldados, Ingo Swann y Joe McMoneagle. Todos menos los escépticos más recalcitrantes creían que estos tres poseían alguna especie de don extraordinario. (El de Joe McMoneagle al parecer se manifestó después de que se cayera de un helicóptero en Vietnam.)

Sin embargo, el general Stubblebine era un fervoroso partidario de la doctrina del Primer Batallón de la Tierra según la cual todo ser humano vivo es capaz de obrar milagros, por lo que abrió de par en par las puertas de la unidad secreta, y Ed Dames pasó a formar parte de su equipo.

De pequeño, a Dames lo volvían loco Pie Grande, los ovnis y las series televisivas de ciencia ficción. Cuando servía en una unidad convencional que se alojaba en un edificio próximo al de los espías psíquicos en Fort Meade, oyó rumores sobre ellos, por lo que le pidió al general Stubblebine que lo acogiese en el grupo. Tal vez es por esto por lo que el general sigue tan enfadado con Ed Dames nueve años después de que Prudence lo viera revelar los secretos de la unidad aquella noche por televisión.

Quizá se siente responsable en parte por las cosas terribles —relacionadas con Prudence— que sucedieron después.

En 1995, Ed levantó la liebre de forma brusca y espectacular, varias veces. Le cogió el gusto a conceder entrevistas a periodistas de televisión y de radio. No mencionaba las miradas a las cabras, ni los intentos de atravesar paredes, ni el Primer Batallón de la Tierra, pero hablaba con fruición de la unidad psíquica secreta.

Pero fue el programa de Art Bell el que lanzó a Ed a la fama definitivamente.

Art Bell emite desde Pahrump, una pequeñísima ciudad en el desierto de Nevada. Pahrump rara vez sale en las noticias, aunque en cierta ocasión saltó a los titulares por tener la tasa de suicidios per cápita más alta de Estados Unidos. Diecinueve de los 30.000 habitantes de Pahrump optan por quitarse la vida cada año. Pahrump alberga también el burdel más famoso del mundo, el Chicken Ranch, situado a unas pocas y polvorientas calles de la casa de Art Bell. Ésta es azul, se extiende algo desordenadamente en todas direcciones, tiene una cerca y está rodeada de antenas. Puede que Art Bell viva en medio de la nada, y que su programa se transmita a altas horas de la noche, pero más de 500 emisoras de onda media hacen llegar su voz a unos 18 millones de estadounidenses.

Según he oído, en su momento de mayor éxito, Art Bell contaba con 40 millones de oyentes, muchos de ellos atraídos por la participación de Ed Dames. Éste se convirtió en una especie de elemento fijo del programa. He aquí la transcripción de una de sus intervenciones típicas, en 1995:

ART BELL: No sé si lo recuerdan, pero el gobierno lleva muchos años invirtiendo grandes cantidades de dinero, tiempo y esfuerzo en la visión a distancia. Así que no es algo tan absurdo como podría parecer. He conseguido que el comandante Dames nos atienda al otro lado del teléfono. Sé que es muy, muy tarde. Comandante, bienvenido al programa.

ED DAMES: Gracias, Art.

ART BELL: ¿Qué puedes contarnos?

ED DAMES: Bueno, además de nuestro entrenamiento y de los contratos de alto nivel con diversas agencias —rastreamos a terroristas para el gobierno—, disponemos de datos que indican que pronto morirán bebés humanos, muchos bebés humanos... Al parecer se está desarrollando un virus bovino del sida. Este sida bovino se convertirá en un insulto toxicológico para los bebés, que morirán en cantidades relativamente grandes.

ART BELL: Dios mío. Caray... No hay escapatoria, ¿no?

ED DAMES: No, no parece que haya escapatoria.

ART BELL: Oh, Dios santo, es una noticia terrible.

Art Bell ha invitado a su programa a muchos profetas del Apocalipsis a lo largo de los años, pero éste alimentaba aún más el sensacionalismo por el hecho de ser un comandante del ejército norteamericano con autorización máxima. Ed siguió hablando. Sí, millones de bebés norteamericanos estaban a punto de contraer el sida por beber leche de vacas infectadas. Aseguró que esto era algo que él había percibido psíquicamente cuando aún estaba en el ejército, y que había transmitido esta información a sus superiores.

O sea que los oficiales de mayor rango del servicio de inteligencia militar también estaban enterados de ello.

Art Bell ahogó un grito de asombro al oír que las altas esferas estaban enteradas de antemano de este cataclismo inminente.

Por si fuera poco, continuó Ed, vientos de 500 kilómetros por hora arrasarían pronto el país, se llevarían todo el trigo y todo el mundo tendría que quedarse en casa durante prácticamente el resto de su vida.

—¡Fue genial! —rememoró Prudence, sentada a la mesa de su cocina en San Diego—. Aquélla fue la época dorada de la visión a distancia. El tema causó mucho revuelo. Parecía algo fantástico. Ed Dames se convirtió de inmediato en uno de los entrevistados favoritos de Art Bell. Estaba en antena casi todo el rato. Predijo que una erupción solar enorme nos achicharraría a todos y acabaría con casi toda la vida en la Tierra. Y dijo que un cometa, el *Hale-Bopp*, iba a soltar un agente patógeno que ataca a las plantas cuando pasara cerca de nosotros.

—¿En serio? —pregunté.

—Sí. Según él, una raza alienígena había atado una lata al *Hale-Bopp*, que la dejaría caer sobre la Tierra para liberar algún tipo de virus que devoraría toda la flora de modo que tendríamos que alimentarnos de gusanos y vivir bajo tierra. —Prudence soltó una carcajada.

—¿Ed Dames dijo eso?

—¡Y tanto que lo dijo! Además, dio fechas concretas. Pronosticó que eso iba a pasar en febrero del año 2000.

Los dos nos reímos.

—¿Y qué hay del sida bovino? —pregunté.

—¡El sida bovino! —exclamó Prudence y se puso seria—. Las vacas locas —dijo.

Entre 1995 y la actualidad, además del sida bovino y de los vientos de 500 kilómetros por hora, el comandante Ed Dames ha hecho públicamente las siguientes predicciones, casi todas en el programa de Art Bell: marcianas preñadas que viven bajo tierra en el desierto saldrán a la superficie para robar fertilizante a empresas estadounidenses; se descubrirá que el sida se originó en los perros y no en los monos; cilindros llenos de hongos voladores procedentes del espacio exterior destruirán todas las cosechas; la existencia de Satanás, los ángeles y Dios quedará demostrada más allá de toda duda; un rayo mataría al presidente Clinton en abril de 1998 en un campo de golf.

—Entre todo esto intercalaba relatos de sus experiencias en el ejército —dijo Prudence—, lo que les daba un aire de realismo y verosimilitud a aquellas burradas. El gobierno no negaba que él fuera un espía psíquico; por el contrario, elogiaba su trabajo. Incluso se le concedieron medallas. Fue licenciado con todos los honores. Todos los detalles sobre su vida estaban en orden.

—A algunos oyentes de Art Bell les debía de dar la impresión a veces de estar escuchando conversaciones entre altos mandos del Pentágono —dije.

—Todo sonaba muy auténtico —convino Prudence—. Él mencionaba los veinte millones de dólares del dinero de los contribuyentes que el ejército había invertido en la investigación, de modo que todo parecía tener sentido.

Lo que el público de Art Bell no sabía era que Ed Dames era un espía psíquico militar atípico. La mayoría de sus colegas de la unidad secreta en Fort Meade se pasaba el día visualizando cosas de lo más aburridas, sobre todo coordenadas cartográficas. Mientras tanto, Ed llegaba psíquicamente a la conclusión de que el monstruo del lago Ness era el fantasma de un dinosaurio. Si alguno de los ex compañeros menos pintorescos de Ed fuese quien hubiese decidido salir a la luz e intervenir en el programa de Art Bell para hablar de coordenadas cartográficas, dudo que los millones de oyentes hubiesen quedado tan fascinados.

Es posible que las apariciones de Ed en los medios de comunicación precipitaran el fin de la unidad secreta. La CIA la desclasificó oficialmente y la disolvió en 1995. Los soldados de a pie del general Stubblebine se habían pasado buena parte de su carrera profesional intentando desarrollar sus poderes psíquicos, y ahora todo había terminado. Tras vivir durante años simultáneamente en un mundo en que su mente viajaba a toda velocidad por el tiempo y el espacio de forma habitual —de la sala de estar de Noriega en la ciudad de Panamá a los palacios de Sadam Husein en Iraq— y en un mundo más banal en que su condición de agentes de una «operación negra» les impedía tener presupuesto para una cafetera y un servicio de mantenimiento del edificio, emergieron al que tal vez era el mundo más extraño: el de la vida civil.

Durante un tiempo, a mediados de la década de 1990, parecía que se había descubierto una mina de oro. Ed Dames se mudó a Beverly Hills, donde celebró reuniones con altos ejecutivos de Hollywood. Entró en negociaciones con Hanna-Barbera, los creadores de *Scooby Doo*, en torno a la posibilidad de transformarse en un personaje de dibujos animados para una serie infantil sobre unos supersoldados que derrotaban a los malhechores gracias a sus poderes psíquicos. Abrió una academia de espionaje psíquico, en la que cobraba a los alumnos 2.400 dólares por «un programa riguroso y altamente personalizado (con atención individualizada) de cuatro días».

El eslogan de su empresa era: «Aprenda a desarrollar la visión a distancia de la mano del maestro.»

Un sábado de verano, Ed Dames y yo recorríamos Maui a toda velocidad en su Jeep. (Al igual que Jim

Channon y el sargento Glenn Wheaton, las primeras personas que me dejaron caer que las Fuerzas Especiales llevaban a cabo actividades relacionadas con la contemplación de cabras en Fort Bragg, Ed ha fijado su residencia en el archipiélago hawaiano.)

Ed llevaba unas grandes gafas de sol envolventes; sus ojos eran la única parte de su rostro que delataba su auténtica edad. Ed tiene cincuenta y cinco años, pero por lo demás su aspecto es el de un adolescente, con su peinado de surfista, sus tejanos agujereados, su energía frenética. Sujetaba un café de Starbucks en una mano mientras manejaba el volante del Jeep con la otra.

—¿La gente del ejército no estaba enfadada con usted por desvelar la existencia de la unidad secreta en el programa de Art Bell? —le pregunté.

—¿Enfadada? —dijo—. ¿Airada? ¿Enojada? Ya lo creo.

—¿Cuáles fueron sus motivos para hacerlo? —quise saber.

—No tenía ningún motivo. —Ed se encogió de hombros—. Ninguno en absoluto.

Seguimos adelante, por la carretera de la costa.

—Me instalé aquí por la tranquilidad y la belleza del lugar —comentó Ed—. Pero sí, se atisban nubarrones muy, muy negros en el horizonte. Las cosas se van a poner feas. Se van a poner chungas. Éste es un buen sitio donde estar cuando eso ocurra.

—¿Qué va a ocurrir?

—¡Todos vamos a morir! —exclamó Ed, y se rio. Pero luego añadió que lo decía en serio—. En la próxima década veremos algunos de los cambios más catastróficos que haya sufrido la civilización a lo largo de la historia. Cambios en el planeta. Cosas parecidas a las profecías bíblicas.

—¿Como las plagas? —pregunté.

—No, eso será lo de menos —respondió Ed.

—¿Se trata de algo peor que las plagas?

—Las enfermedades diezmarán a la humanidad, pero me refiero a cambios gordos en el planeta, y no es broma.

—¿Volcanes y terremotos?

—El eje de la Tierra oscilará, y eso agitará los océanos —aseguró Ed—. Desde el punto de vista geofísico, será como subir a la atracción de las tazas locas, y es algo que pasará antes de diez años.

—¿Usted ha visto todo eso psíquicamente? —inquirí.

—Muchas, muchas veces —asintió Ed.

—Prudence dice que su interés por la visión a distancia surgió un día que ella encendió la tele en Atlanta y le vio a usted —señalé.

Se produjo un silencio. Yo quería estudiar la reacción de Ed al oír el nombre de Prudence. Habían sucedido cosas tan terribles que sentía curiosidad por ver si mostraba algún signo de consternación. No mostró ninguno. En cambio, comenzó a decir vaguedades.

—Casi todas las personas que practican la visión a distancia en las calles hoy en día fueron alumnos míos o alumnos de mis alumnos —aseveró.

Era cierto. Aunque muchos de los ex compañeros de Ed en el ejército acabaron por montar una academia de entrenamiento después de que se disolviera la unidad, Ed lanzó una campaña que daba a entender que los demás parapsicólogos secretos eran psíquicamente inferiores a él. Le dio resultado. Mientras que la casa de Ed en Maui se encuentra en una urbanización sumamente lujosa y vallada próxima a la playa, algunos de sus antiguos colegas —como el sargento Lyn Buchanan— luchan por salir adelante trabajando como ingenieros informáticos y cosas por el estilo. Lyn Buchanan es un personaje legendario en el círculo de los ufólogos, pero su carácter afable le ha impedido abrirse un hueco en el sector cada vez más competitivo del espionaje psíquico.

Prudence quería que Ed le enseñase a ser una espía psíquica, «pero no le quedaban plazas —explicó—. Las tenía todas reservadas para dos años. Todo el mundo quería ser un espía psíquico como Ed Dames».

De modo que se conformó con el segundo mejor: un conferenciante de ciencias políticas establecido en Atlanta, el doctor Courtney Brown.

Courtney Brown tenía una trayectoria impresionante. Aunque no era un espía militar de primer orden, daba clases en una universidad bastante prestigiosa, y el objetivo de sus cursos, según su folleto informativo, es «conseguir la excelencia en la innovación, generar conocimiento, inculcar integridad y honor, establecer valores que los demás abracen, obtener reconocimiento por las propias opiniones y hacer descubrimientos que beneficien al mundo».

—Fue increíble para mí —dijo Prudence—. El doctor Courtney Brown fue prácticamente el primer alumno civil de Ed Dames. Luego abrió su propia academia de entrenamiento, el Instituto Farsight, en Atlanta. Yo estaba en Atlanta. Vivía en la única ciudad aparte de Los Ángeles donde uno podía recibir formación en visión a distancia, así que me matriculé enseguida.

El doctor Courtney Brown es un hombre apuesto y listo, de ojos grandes y soñadores, que vestía de *tweed*. Tras seguir un curso de espionaje psíquico de ocho días con la atención personalizada de Ed Dames, empezó a enseñar su versión del método Dames a decenas de alumnos.

Él y Prudence se hicieron muy buenos amigos. Ella administraba la página web de él y le llevaba su diario. Se sentaban juntos en el sótano del doctor Brown a espiar psíquicamente a sus objetivos preferidos; los alienígenas, las bestias míticas y demás hierbas, los mismos seres fantásticos que Ed Dames estudiaba por medio de la visión a distancia cuando formaba parte de la unidad militar.

En julio de 1996, Prudence recibió una llamada de Art Bell. Sus millones de oyentes se pirraban por Ed Dames y estaban ansiosos por oír cualquier noticia relacionada con él. ¿Estaba el doctor Brown disponible para intervenir en su programa?

—Cada día traía consigo una nueva aventura —me dijo Prudence—, pero aquélla fue la más grande que habíamos vivido hasta entonces.

Durante la entrevista, Art Bell le preguntó a Courtney Brown si estaba de acuerdo con el comandante Dames respecto a la muerte masiva de bebés y las inminentes ventoleras que barrerían la Tierra.

COURTNEY BROWN: Es indudable que se avecinan cambios fundamentales.

ART BELL: ¿Como cuáles?

COURTNEY BROWN: Durante la vida de nuestros hijos la situación empezará a parecerse cada vez más a la de *Mad Max*. Está bastante claro que, llegado ese punto, la civilización tendrá que resguardarse en refugios subterráneos.

ART BELL: ¿En refugios subterráneos, profesor Brown?

COURTNEY BROWN: Sí. La sociedad se vendrá abajo. Los sistemas políticos se vendrán abajo. Las bandas errantes vagarán por la superficie. La población sobrevivirá en búnkeres subterráneos, pero no todo el mundo conseguirá refugiarse allí. A la mayoría de la gente no le quedará más remedio que liarse a tortas en la superficie.

ART BELL: Pues discúlpeme si digo caramba, doctor Brown. Si supiera hasta qué punto se parece lo que acaba de decir a las palabras del comandante Dames, seguramente se pondría a cavar ahora mismo.

Los civiles entrenados por Ed Dames parecían heredar de su maestro el desdén por sus ex colegas. En el programa de Art Bell, Courtney Brown declaró que no estaban intelectualmente dotados para enfrentarse a las situaciones más complejas derivadas de sus adivinaciones. Por ejemplo, si la CIA le pedía a un espía psíquico que localizase a Sadam Husein, y mientras recorría mentalmente un palacio de Bagdad el espía topaba con un extraterrestre oculto en las sombras, seguiría adelante hasta dar con el dictador. Sin duda, aseguró Courtney Brown a los oyentes de Art Bell, un espía psíquico que se preciara le plantaría cara al extraterrestre, pero ése no era el caso de los parapsicólogos del ejército. Art Bell se mostró de acuerdo en que aquello le parecía absurdo; una oportunidad desaprovechada donde las haya.

ART BELL: Usted llevó a cabo un proyecto profesional serio sobre Marte, ¿verdad?

COURTNEY BROWN: Bueno, estudié dos especies extraterrestres: a unos seres llamados grises y a los marcianos. Hace mucho tiempo, cuando los dinosaurios poblaban la Tierra, había una antigua civilización marciana...

Cuando un cataclismo planetario acabó con la civilización marciana en la era de los dinosaurios, según explicó el doctor Courtney Brown, la Federación Galáctica autorizó a un grupo de rescate de grises para que los salvara.

COURTNEY BROWN: Muchos marcianos fueron rescatados.

ART BELL: ¿Se los llevaron del planeta?

COURTNEY BROWN: Sí, pero ahora viven de nuevo en Marte, en cavernas subterráneas. Se alegran de que los rescataran, pero les habría encantado que los trajeran a la Tierra. El problema es que están en un planeta esencialmente muerto. Tienen que marcharse. Están entre la espada y la pared. No les queda más remedio que irse. Tienen que venir aquí. Pero este planeta está dominado por una especie humana agresiva y hostil que hace películas sobre invasiones de Marte, y los propios marcianos están aterrorizados. Los resultados de la visión a distancia no dejan lugar a dudas sobre esto.

Courtney Brown afirmó que los marcianos llegarían a la Tierra en un plazo de dos años. Art Bell le formuló de inmediato la pregunta que debía de obsesionar a los oyentes más derechistas y contrarios a la inmigración:

ART BELL: Una pregunta importante: ¿cuántos marcianos hay?

COURTNEY BROWN: No representarán un problema de población. Seguramente estamos hablando de suficientes marcianos para poblar una ciudad mediana.

ART BELL: No es un número muy grande, entonces.

COURTNEY BROWN: Uno podría preguntarse ¿en qué nos beneficia a nosotros? ¿Por qué hemos de ayudarlos? Hay gente que incluso me ha dicho: «Dejémonos de altruismos y de intentar quedar bien ante el resto de la galaxia. ¿Por qué hemos de ayudar a nadie? Acoger a los refugiados camboyanos y vietnamitas después de la guerra de Vietnam nos trajo problemas, así que ¿por qué tenemos que ayudar precisamente a los marcianos?»

La respuesta de Courtney a estos aislacionistas terrícolas: olvidarse del altruismo. Los marcianos «nos llevan ciento cincuenta años de ventaja tecnológica. Imaginaos qué pasaría si alguien como Sadam Husein les dijera: «¡Eh! ¿Queréis un sitio donde aterrizar? Pasaos por aquí.»

Por eso, declaró Courtney Brown en un tono algo apremiante, era esencial que el gobierno de Estados Unidos aprovechase la ocasión y pusiera «esas naves marcianas bajo el mando de la OTAN. Hay que someter a esos marcianos a los procedimientos migratorios de rigor».

En ese momento, Art Bell manifestó con cierta preocupación que «la gente desesperada hace cosas desesperadas». Aunque los marcianos fueran pacíficos por naturaleza, tal vez sus penosas condiciones de vida en las cuevas de Marte los harían reaccionar con una violencia inesperada e ingrata cuando los americanos acudiesen en su ayuda. ¿Acaso no había sido más o menos eso lo que había ocurrido en la isla de Granada y en Vietnam?

Courtney Brown le aseguró que entendía sus reservas, pero que eso no sucedería.

Prudence opinaba que Courtney había estado genial en el programa de Art Bell.

—El carisma de Courtney te llegaba directo a través de las ondas. Sus palabras rezumaban sinceridad y ternura.

Aquella noche, cuando Prudence estaba escuchando el programa, sonó su teléfono.

—Pru —dijo una voz al otro lado de la línea—. Soy Wolfie. —Según Prudence, Wolfie era el seudónimo que usaba en Internet una tal Dee, la prometida de un locutor de noticias de una emisora sita en Houston que se llamaba Chuck Shramek. Prudence había conocido a Dee y a Chuck por Internet, en una sala de *chat*; habían intercambiado direcciones de correo electrónico pero nunca se habían visto en persona.

—Pru —dijo Dee—, tienes que ver algo. Chuck tiene una foto del cometa *Hale-Bopp* en la que aparece otra cosa. Ahora te la mando.

En ese momento, la ventana del correo entrante comenzó a parpadear en la pantalla del ordenador de Prudence. Abrió el archivo adjunto, una fotografía. Chuck, astrónomo aficionado, la había tomado a través de un te-

La fotografía de Chuck Shramek.

lescopio desde su patio trasero. Junto al cometa *Hale-Bopp* parecía haber un objeto de algún tipo.

Cuando Prudence vio la fotografía, se le saltaron las lágrimas.

—El objeto acompañante brillaba con más fuerza que una estrella —me dijo.

Durante los días siguientes, Prudence, Courtney Brown y los demás alumnos de éste se pusieron a trabajar con diligencia en la visualización psíquica del objeto de forma similar a la de Saturno que aparecía junto al cometa *Hale-Bopp*.

—Entonces descubrimos que era artificial —dijo Prudence—. No era un fallo atribuible a la cámara de Chuck, sino un objeto real, y de origen extraterrestre. Parecía un enorme objeto metálico y redondo, cubierto de abolladuras. Marcas cóncavas. Y de él sobresalían tubos y una antena. ¡Venía directamente hacia nosotros! Estábamos muy emocionados. Courtney Brown telefoneó a Art Bell enseguida.

El 14 de noviembre de 1996, Art Bell anunció en su programa a sus dos invitados: Chuck Shramek y Courtney Brown.

ART BELL: Bienvenido al programa, Chuck.

CHUCK SHRAMEK: Gracias, Art; encantado de estar aquí.

ART BELL: Eres astrónomo aficionado, ¿verdad?

CHUCK SHRAMEK: Sí, desde los ocho años. Ahora tengo cuarenta y seis.

ART BELL: ¡Pues tan aficionado no eres, entonces!

CHUCK SHRAMEK: ¡Ja, ja, ja!

Acto seguido, Chuck procedió a describir su fotografía, cómo la había tomado, cómo se le había acelerado el pulso cuando cayó en la cuenta de que el objeto —el «acompañante» del *Hale-Bopp*— no era una estrella, pues al consultar el mapa celeste vio que no había una estrella de esas características en la zona que rodeaba al cometa.

CHUCK SHRAMEK: Es muy grande. Y tiene anillos como el de Saturno. Alucinante.

ART BELL: ¿De qué puede tratarse?

CHUCK SHRAMEK: Bueno, creo que eso entraría en el terreno de Courtney. Yo no tengo ni idea.

ART BELL: Bien, han escuchado ustedes a Chuck, desde Houston. Vamos a preguntarle a Courtney Brown de qué va todo esto. Quizás él pueda echarnos una mano. Algo me dice que lo hará.

Después de la pausa publicitaria, Courtney Brown soltó el bombazo, el resultado del estudio de la fotografía de Chuck Shramek por parte de Prudence, del Instituto Farsight y del propio Brown.

ART BELL: He visto la fotografía del *Hale-Bopp* y es de lo más extraña. Hay algo muy gordo ahí fuera. No tengo idea de lo que es, pero sea lo que sea, es de verdad. Díganos, profesor, ¿qué diablos es?

COURTNEY BROWN: Estoy dispuesto a decírselo. ¿Quiere que se lo diga?

ART BELL: Dígamelo.

Aunque Courtney intentó adoptar el tono de voz de un científico sensato, fue incapaz de disimular el entusiasmo.

COURTNEY BROWN: Esta información que estoy a punto de revelarle es tan trascendental, tan increíble, que usted se preguntará cómo es posible. Recuerde que tengo un doctorado.

ART BELL: Así es.

COURTNEY BROWN: Este objeto es aproximadamente cuatro veces más grande que el planeta Tierra, y se dirige hacia aquí. Al parecer, está surcada de túneles y se mueve por medios artificiales. Está bajo el control de seres inteligentes. Es un vehículo. Y está emitiendo un mensaje.

ART BELL: ¡Cielo santo! ¿Está emitiendo un mensaje?

COURTNEY BROWN: Esos seres intentan comunicarse con nosotros. El objeto es sensible. Tiene vida. Tiene conciencia. Es algo parecido al monolito de *2001: Una odisea del espacio*. Tiene pasillos en su interior. Eso es una buena noticia. Nuestra era de ignorancia y de oscuridad está tocando a su fin. Vamos a entrar en una era de grandeza. ¡Vienen más en camino!

ART BELL: ¿¡Qué!?

COURTNEY BROWN: Dios mío... Dios mío...

ART BELL: ¿Vienen más en camino? Amigos, esto no es una falsa emisión de *La guerra de los mundos*, sino una noticia de última hora. Me siento como si me hubieran golpeado con un mazo.

COURTNEY BROWN: Art, esto es real.

Al cabo de un breve silencio, Art Bell habló con un ligero temblor en la voz.

ART BELL: De algún modo siempre he sabido que yo sería testigo de este momento.

Aquella noche, la página web de Art Bell se colapsó a causa del alud de visitas de oyentes ansiosos por ver la fotografía de Chuck Shramek. Por fin, en un espacio de dos meses —hacia mediados de marzo de 1997, de hecho—, los marcianos iban a llegar.

Una cualidad extraordinaria de Internet es la manera en que congela y conserva ciertos momentos en el tiempo. Con un poco de esfuerzo, todavía se pueden encontrar las opiniones de algunos de los oyentes de Art Bell que aquella noche escribieron vehementemente mientras escuchaban la radio de fondo:

> ¿Esto está pasando de verdad? ¡Jo, macho, es increíble! ¡Han dicho en el programa de Art Bell que unos astrónomos han avistado DE PRONTO un objeto enorme parecido a Saturno cerca de nuestro cometa *Hale-Bopp*! ¡Está bajo control inteligente y relacionado con extraterrestres!

> Queridos amigos:
> Estoy tecleando como un loco mientras oigo esta increíble noticia de última hora.
> ¡EXTRA, EXTRA! Se aproxima a la Tierra un cuerpo celeste cuatro veces más grande que la Tierra, siguiendo muy de cerca el cometa Hale-Bopp; una esfera rodeada por un anillo que emite luz propia y tiene una superficie uniformemente lisa y luminiscente.
> ¿Estamos asistiendo a la llegada del Anticristo?

Prudence intervino también en el programa de Art Bell unos días después, con el fin de exponer los resultados de sus averiguaciones psíquicas relativas al acompañante del *Hale-Bopp*. Ella y Courtney recibieron un aluvión de llamadas telefónicas y mensajes de correo electrónico.

—Miles de *e-mails* —dijo Prudence—. Le enviamos a la mayoría el mismo mensaje de respuesta porque es imposible contestar individualmente a todo el mundo. Uno tiene que ser selectivo.

Uno de aquellos miles de mensajes le pareció especialmente curioso a Prudence. Preguntaba: «¿Nos elevará el acompañante a un nivel sobrehumano?»

Prudence se quedó mirando estas palabras por un momento antes de mandar la respuesta modelo: «Gracias por su interés en el Instituto Farsight. A continuación incluimos nuestro calendario de cursos...»

A mediados de marzo de 1997, en una casa de un blanco inmaculado situada en una zona residencial muy lujosa de San Diego, California, Marshall Applewhite, un ex profesor de música de Tejas, se volvió hacia su cámara de vídeo, la enfocó hacia sí mismo y dijo:

—¡Estamos tan emocionados que no sabemos qué hacer porque pronto entraremos de nuevo en un nivel sobrehumano!

Entonces apartó de sí el objetivo de la videocámara y lo dirigió hacia una sala repleta de gente. Todos iban vestidos exactamente igual, con uniformes diseñados por ellos mismos y abotonados hasta el cuello. Los trajes, que parecían salidos de *Star Trek*, tenían un parche en el brazo que rezaba: «Equipo Alejado de las Puertas del Cielo.»

Al igual que Marshall Applewhite, todos sonreían de oreja a oreja.

—«Equipo Alejado de las Puertas del Cielo» —dijo Marshall Applewhite a la cámara—. Eso es justo lo que significa para nosotros. Hemos estado alejados, pero pronto volveremos. Estoy muy orgulloso de estos estudiosos del nivel evolutivo sobrehumano. ¡Están a punto de partir, y entusiasmados por ello!

Uno de los miembros de ese grupo había publicado un mensaje en su página web, que decía: «¡Alerta roja! *Hale-Bopp* cerrará las puertas del cielo.»

En la página había también un enlace a la web de Art Bell.

Marshall Applewhite y sus treinta y ocho discípulos fueron a un restaurante para tomar su última cena. Todos pidieron exactamente lo mismo: té helado, ensalada aliñada con vinagreta de tomate, pavo y tarta de arándanos.

Luego regresaron a la finca ganadera donde vivían en comunidad.

Unas noches después, cuando el *Hale-Bopp* estaba lo bastante cerca de la Tierra para ser visto con el ojo desnudo, Prudence salió al balcón de un hotel Holiday Inn en Atlanta y arqueó el cuello de forma incómoda para echar un vistazo por encima de los árboles, con la barandilla de hierro apretada contra el pecho. Entonces divisó el cometa.

—Era hermoso —comentó.

—Pero estaba solo —señalé.

—Sí, estaba solo —convino Prudence—. Yo estaba ahí fuera, intentando pensar adónde había ido a parar el objeto acompañante, cuando alguien llegó corriendo escaleras arriba.

Treinta y nueve personas habían muerto.

Marshal Applewhite y sus treinta y ocho discípulos se habían puesto el mismo modelo de zapatillas Nike. Se metieron en el bolsillo un rollo de monedas de 25 centavos. Se tendieron en sus literas y cada uno se tomó un cóctel mortal de sedantes, alcohol y analgésicos porque creían que de ese modo conseguirían que el objeto acompañante del *Hale-Bopp* anunciado por Prudence y Courtney se los llevara hasta un nivel sobrehumano.

—Fue horrible —dijo Prudence—. Fue... —Se quedó callada y apoyó la cara en las manos, con la mirada perdida a lo lejos—. Creían que se unirían al objeto que acompañaba al cometa.

—Hummm —dije yo.

—Todas esas personas... —añadió.

—Eh... —dije.

—Me angustia hablar de esto —murmuró—. En realidad no sé qué decir.

—Supongo que usted no podía saber que todo aquel revuelo acabaría en... en un suicidio en masa —comenté.

—Lo más lógico habría sido que alguien que practicaba la visión a distancia lo hubiese previsto —dijo Prudence.

Chuck Shramek, el hombre que tomó la fotografía del «acompañante», falleció a causa de un cáncer en 2000, a los cuarenta y nueve años. Después de su muerte, Greg Frost, un amigo suyo de la infancia, declaró a la revista *UFO* que Chuck siempre había sido un bromista empedernido: «Yo estaba presente una vez que distorsionó su voz con un filtro para hacerse pasar por Zontar el Señor del Hiperespacio mientras hablaba con unos radioaficionados crédulos. Chuck había logrado convencer a unos cuantos de que era un alienígena de Venus.»

Mi suposición es que Chuck Shramek oyó a Ed Dames y luego a Courtney Brown en el programa de Art Bell y decidió gastarles una broma a los gurús de la visión a distancia. Trucó una fotografía y le pidió a su novia que telefoneara a Prudence. Si fue así como ocurrió, no tengo ni idea de si Dee estaba o no en el ajo.

Art Bell cerró para siempre las puertas de su programa a Prudence y Courtney Brown. El comandante Ed Dames sigue siendo un invitado habitual y popular. Art Bell suele presentarlo como «el comandante Edward A. Dames, del ejército de Estados Unidos, ahora retirado, oficial condecorado del servicio de inteligencia militar, uno de los primeros miembros del programa prototipo de entrenamiento en la visión a distancia, instructor y oficial de operaciones de la unidad de inteligencia psíquica, o PSIINT, de la Agencia de Inteligencia de Defensa, o DIA...

Los acrónimos militares son en verdad fascinantes.

Hasta el momento en que escribo esto, la última intervención de Ed en el programa de Art Bell ha sido la de la primavera de 2004. Les dijo a los oyentes: «Esto es importante. Antes de irse a dormir, escúchenme. Cuando vean que una lluvia de meteoritos obliga a uno de nuestros transbordadores espaciales a aterrizar, será el principio del fin. Será el aviso. Justo después empezarán a producirse cambios geofísicos extremos en la Tierra, que conducirán a una oscilación y posiblemente a un realineamiento de los polos...»

—¡Dios santo! —lo interrumpió Art Bell—. ¿Sobrevivirá alguien a esto, Ed? ¿O no quedará ni el apuntador?

—Calculamos que un par de miles de millones de personas quedarán achicharradas —respondió Ed.

Por otro lado, he percibido cierta irreverencia por parte de Art Bell en sus entrevistas más recientes con el comandante Dames. Últimamente, en medio de aquel baile de fascinantes siglas militares, Art Bell a veces se refiere al comandante Dames como el Doctor Muerte.

El número de alumnos del Instituto Farsight del doctor Courtney Brown se redujo de treinta y seis a sólo ocho y luego a ninguno durante los meses siguientes a los suicidios. Él dejó de conceder entrevistas. Lleva siete años sin hablar públicamente de lo ocurrido. (Creo que intervino una última vez en el programa de Art Bell y fue recibido con gritos.) Lo visité en la primavera de 2004.

Todavía vive en Atlanta. Está muy delgado. Me llevó a su sótano.

—¿Las Puertas del Cielo? —dijo.

Por un momento se comportó como si no se acordara muy bien de quiénes eran. Llevaba una americana de *tweed* con coderas de piel.

—¿Las Puertas del Cielo? —repitió. La expresión de su rostro parecía indicar que su memoria era como la de un profesor distraído y que más valía que yo tuviera un poco de paciencia—. ¡Ah! —exclamó—. Ah, sí. Era un grupo interesante. Eran eunucos. Eso leí en el periódico. Se castraron y acabaron por suicidarse. —El doctor Brown se quedó callado por unos instantes—. Fue un caso como el de Jim Jones —dijo—. Su líder debía de ser un tipo chalado que se estaba haciendo mayor y que, al comprender que su secta iba a disgregarse ante sus ojos, seguramente estaba buscando una oportunidad para ponerle fin por sí mismo. —El doctor Brown se quitó las gafas y se frotó los párpados—. ¡Eunucos! —Soltó una risita poco jovial y sacudió la cabeza—. Hace falta ejercer un control psicológico muy fuerte sobre las personas para convencerlas de que se castren a sí mismas. Al final, también consiguió que se mataran, aprovechando la ocasión. Eh..., ya me entiende. Era un grupo interesante. Un grupo raro, raro. Un grupo de locos. Estaba... estaba cantado que aquello acabaría en tragedia.

El doctor Brown me preparó una infusión de hierbas.

—Tiene que entender que pertenezco al mundo académico —dijo—. Mi formación no me capacita para tratar con las masas. He aprendido por las malas que lo mejor es no tratar con las masas. No es que no tengan derecho a la información, pero reaccionan de formas muy extrañas. Les entra el pánico o la euforia, y los que venimos del ámbito académico olvidamos eso fácilmente. Nuestro campo es la ciencia, no las masas. —Hizo una pausa—. El público es extremadamente turbulento —afirmó—. Incontrolablemente turbulento. —Se encogió de hombros—. Tiene que entenderlo —dijo—. Provengo del mundo académico.

7

El dinosaurio morado

A unos 500 metros del sitio donde tienen encerradas a las cabras en Fort Bragg, hay un gran edificio gris y moderno con un letrero en frente que dice: «Compañía C 9º Batallón OO.PP. H-3743.»

Se trata de las oficinas centrales de Operaciones Psicológicas del ejército de Estados Unidos.

En mayo de 2003, la gente de Operaciones Psicológicas puso en práctica una pequeña parte de la filosofía del Primer Batallón de la Tierra, detrás de una estación de ferrocarril abandonada en la aldea iraquí de al-Qāim, en la frontera con Siria, poco después de que el presidente Bush anunciara «el fin de las hostilidades principales».

La historia comienza con una reunión entre dos ciudadanos estadounidenses: un periodista de *Newsweek* de nombre Adam Piore y un sargento de Operaciones Psicológicas, Mark Hadsell.

Adam, en un todoterreno militar de Operaciones Psicológicas, dejó atrás al-Qāim, los puestos de control de la Coalición y la señal de carretera con el nombre del pueblo, que había recibido varios tiros y había quedado en un estado tan ruinoso que ahora sólo se leía en ella «Q m». El vehículo se detuvo frente a una comisaría. Era el segundo día de Adam en Iraq. No sabía prácticamente nada del país. Se moría de ganas de orinar, pero temía ofender a alguien si vaciaba la vejiga delante de la comisaría o en los arbustos. ¿Qué protocolo había que seguir al orinar en público en Iraq? Adam le planteó su duda al soldado de Operaciones Psicológicas que iba sentado a su lado en el coche. Al fin y al cabo, era el deber de su unidad entender y explotar la psique y las costumbres del enemigo.

—Hágalo sobre la rueda delantera —le indicó el soldado a Adam.

Así que Adam bajó del todoterreno, y fue entonces cuando el sargento de Operaciones Psicológicas Mark Hadsell se le acercó y amenazó con matarlo.

Adam me contó este incidente dos meses después, en las oficinas de *Newsweek* en Nueva York. Estábamos en la sala de juntas de la planta superior, cuyas paredes estaban decoradas con ampliaciones de portadas recientes de la revista: un fundamentalista islámico con la cara tapada y con un arma de fuego bajo el titular POR QUÉ NOS ODIAN, y el presidente y la señora Bush en el jardín de la Casa Blanca, bajo el titular DE DÓNDE EXTRAEMOS NUESTRA FUERZA. Adam tiene veintinueve años, aunque aparenta menos, y temblaba ligeramente mientras me refería lo sucedido.

—Así es como conocí al tipo —dijo. Se rio—. Me dijo: «¿Quieres que te peguen un tiro?», así que rápidamente me subí la bragueta...

—¿Sonreía cuando lo dijo? —pregunté.

Me imaginé al sargento Hadsell, fuera quien fuese,

desplegando una sonrisa amplia y amistosa, mientras le preguntaba a Adam si quería que le pegaran un tiro.

—No —respondió Adam—. Sólo dijo: «¿Quieres que te peguen un tiro?»

Adam y el sargento Hadsell terminaron haciendo buenas migas. Compartían litera en el centro de mando del escuadrón de Operaciones Psicológicas en la estación abandonada de al-Qāim, e intercambiaban películas en DVD.

—Es un tipo muy belicoso —comentó Adam—. El comandante del escuadrón lo llamaba Psicópata Seis, porque siempre estaba dispuesto a entrar en acción con todo su arsenal. ¡Ja! Me dijo que una vez apuntó con un arma a alguien y apretó el gatillo, pero el arma no estaba cargada y el tipo se meó en los pantalones. No sé por qué me contó eso, pues yo no le veo la gracia. De hecho, me parece retorcido y me da mal rollo.

—¿Y a él le parecía gracioso? —le pregunté a Adam.

—Creo que sí, que le parecía gracioso —contestó—. Sí, era un asesino entrenado por el ejército norteamericano para matar.

Los habitantes de al-Qāim no sabían que Bagdad había caído en manos de las tropas de la Coalición, así que el sargento Hadsell y su unidad de Operaciones Psicológicas estaban allí para repartir octavillas que explicaban esta noticia. Adam iba con ellos, con el objeto de cubrir «el fin de las hostilidades principales» desde la perspectiva de la gente de Operaciones Psicológicas.

Mayo de 2003 fue un mes bastante tranquilo en al-Qāim. A finales de año, las fuerzas estadounidenses sufrirían bombardeos frecuentes en la aldea por parte de la guerrilla. En noviembre de 2003, uno de los hombres de Sadam Husein que dirigió la defensa aérea —el general de división Abed Hamed Mowhoush— moriría mientras lo interrogaban justo allí, en la estación de tren abandonada. («Fue por causas naturales —aseguraba la declaración oficial del ejército estadounidense—. Mowhoush no tenía la cabeza tapada durante el interrogatorio.»)

Pero, por el momento, todo estaba tranquilo.

—En cierto momento —rememoró Adam—, alguien pasó corriendo y cogió un puñado de octavillas. Hadsell dijo que era esencial que, la próxima vez que pasara eso, encontraran al responsable y lo inflasen a hostias para que no volviera a hacerlo. Seguramente eso tenía algo que ver con su estudio de la cultura árabe. Uno tiene que demostrar su fuerza.

Una noche, Adam estaba en el centro de mando del escuadrón cuando el sargento Hadsell se le acercó, le guiñó un ojo en un gesto de complicidad y dijo: «Ve a echar un vistazo adonde están los prisioneros.»

Adam sabía que mantenían a los prisioneros encerrados en un patio detrás de la estación de ferrocarril. El ejército había instalado allí una hilera de contenedores marítimos, y cuando se aproximaba a ellos, Adam vislumbró una luz muy intensa y parpadeante, y también oyó música. Era el tema *Enter Sandman*, de Metallica.

De lejos daba la impresión de que habían montado una discoteca extraña y un poco siniestra entre los contenedores. La música tenía un timbre especialmente metálico, y la luz se encendía y apagaba una y otra vez de forma monótona.

Adam avanzó hacia los destellos. Eran muy brillantes. Un soldado norteamericano apuntaba con un foco hacia un contenedor, pulsando repetidamente el interruptor. *Enter Sandman* retumbaba en el interior y resonaba con violencia al chocar con las paredes de acero. Adam se quedó mirando durante un rato.

La canción terminó pero volvió a empezar de inmediato.

El soldado joven que sujetaba el foco reparó en la presencia de Adam. Sin dejar de encender y apagar la luz, le advirtió: «Ahora tiene que marcharse.»

—¡Ja! —me dijo Adam en las oficinas de *Newsweek*—. Ésa fue la expresión que empleó: «Tiene que marcharse.»

—¿Echó un vistazo al interior del contenedor? —le pregunté.

—No —respondió Adam—. Cuando el tipo me dijo que tenía que marcharme, me marché. —Hizo una pausa—. Pero lo que estaba pasando ahí dentro es bastante obvio.

Adam llamó a *Newsweek* desde su teléfono móvil y les refirió rápidamente los episodios que había presenciado. El que más les gustó fue el de Metallica.

—Me dijeron que lo escribiera en tono de humor —recordó Adam—. Querían la lista completa de temas.

Así que Adam se puso a hacer indagaciones. Descubrió que entre las canciones que obligaban a los prisioneros a escuchar a todo volumen, aparte de *Enter Sandman*, de Metallica, estaban la banda sonora de la película *XXX*; una cuya letra rezaba «arde, hijo de puta, arde»; y, sorprendentemente, la cancioncilla *I Love You* de «Barney & Friends», el programa infantil protagonizado por Barney, el dinosaurio morado, además de algunas melodías de «Barrio Sésamo».

Adam envió el artículo a Nueva York, donde un redactor de *Newsweek* llamó a los creadores de Barney para pedirles su opinión al respecto. Lo hicieron esperar, y, mientras tanto, la canción que sonaba en el hilo musical era *I Love You*, de Barney.

La última frase del artículo, escrito por el redactor de *Newsweek*, decía: «¡Nosotros también nos vinimos abajo!»

La primera vez que oí hablar de la tortura de Barney fue el 19 de mayo de 2003, cuando hicieron un comentario jocoso al respecto en el programa matinal «Today» de la NBC.

ANN CURRY (presentadora de noticias): Las fuerzas de Estados Unidos en Iraq están utilizando lo que algunos consideran un medio cruel e inhumano para vencer la resistencia de los prisioneros de guerra iraquíes, y, créanme, muchos padres estarían de acuerdo. A algunos prisioneros los obligan a escuchar a Barney el dinosaurio morado cantar *I Love You* durante veinticuatro horas seguidas...

La NBC mostró a continuación imágenes de «Barney» en las que el dinosaurio morado bailoteaba entre su pandilla de niños actores siempre sonrientes. Todos los presentes en el estudio se rieron. Ann Curry adoptó un gracioso tono de voz, tipo «pobrecitos prisioneros», para desarrollar la noticia.

ANN CURRY: ... según la revista *Newsweek*. Un agente de Estados Unidos declaró a *Newsweek* que había escuchado a Barney durante cuarenta y cinco minutos seguidos y que no quería volver a pasar por eso jamás.
ESTUDIO: [Risas]

Ann Curry se dirigió a Katie Couric, su copresentadora.

ANN CURRY: ¡Katie! ¡Cántala conmigo!

KATIE COURIC [ríe]: ¡No! Supongo que después de una hora más o menos ellos soltarán todo lo que saben, ¿no crees? Pasamos la conexión a Al para que nos hable del tiempo.

AL ROKER (hombre del tiempo): ¡Y si Barney no acaba con ellos, que les pongan a los Teletubbies, que los destrozarán como a cucarachas!

«¡Es el Primer Batallón de la Tierra!», pensé.

No me cabía la menor duda de que la idea de utilizar la música para practicar una forma de tortura mental se había popularizado y perfeccionado en las fuerzas armadas a raíz de la aparición del manual de Jim. Antes de eso, la música en el ejército estaba restringida al ámbito de las bandas militares; se usaba en desfiles y para dar bríos a las tropas. En Vietnam, los soldados se ponían a todo volumen la *Cabalgata de las Valkirias* de Wagner para segregar adrenalina antes del combate. Pero fue a Jim a quien se le ocurrió la idea de llevar altavoces al campo de batalla para emitir «sonidos discordantes» como «rock ácido desacompasado» para confundir al enemigo, así como de emplear sonidos similares en la sala de interrogatorios.

—¡Jim! —dije—. ¿Crees que bombardear a los prisioneros con el tema principal de «Barney» es un legado del Primer Batallón de la Tierra?

—¿Perdona? —dijo Jim.

—En Iraq están deteniendo gente para luego meterla en un contenedor marítimo y hacerle escuchar música infantil muy alta mientras los enfocan con una luz brillante que parpadea —le expliqué—. ¿Se trata de uno de tus legados?

—¡Sí! —respondió Jim, visiblemente entusiasmado—. ¡Me alegra mucho oír eso!

—¿Por qué? —pregunté.

—Es evidente que intentan relajar el ambiente —dijo— y proporcionarles algo de comodidad a esas personas, en vez de matarlos a palos. —Suspiró—. ¡Música infantil! ¡De ese modo los prisioneros estarán más dispuestos a revelar las posiciones de sus fuerzas y la guerra durará menos! ¡De puta madre!

Creo que Jim se imaginaba algo más parecido a una guardería que a un contenedor de acero colocado detrás de una estación de tren abandonada.

—Supongo que si les ponen canciones de «Barney» y «Barrio Sésamo» un par de veces —alegué—, tal vez les resulte relajante y los haga sentirse cómodos, pero si los obligan a oírlas cincuenta mil veces, por decir algo, dentro de una caja metálica en pleno calor del desierto, no sería más... esto... torturante?

—No soy psicólogo —repuso Jim, en un tono algo cortante.

Parecía empeñado en cambiar de tema, como si se negara a aceptar el modo en que se estaba interpretando su visión detrás de la estación ferroviaria de al-Qāim. Me recordaba a un abuelo incapaz de concebir que sus nietos pudieran portarse mal.

—Pero el uso de la música... —empecé a decir.

—Eso es lo que hacía el Primer Batallón de la Tierra —me cortó Jim—. Abrió la mente de los militares respecto a la manera de usar la música.

—Así que se trata de conseguir que la gente hable en... ¿una qué? —inquirí.

—En una dimensión psico-espiritual —dijo Jim—. Además del miedo a resultar heridos, tenemos un componente mental espiritual y psíquico. ¿Por qué no aprovecharlo? ¿Por qué no actuar directamente sobre la parte del ser que decide si hablar o no?

—¿O sea que estás seguro, por la medida en que tu Primer Batallón de la Tierra ha calado en las estructuras del ejército, de que ponerles a los iraquíes canciones de «Barney» y «Barrio Sésamo» a todo volumen es uno de tus legados? —le pregunté.

Jim meditó sobre ello por unos instantes y al final contestó:

—Sí.

Christopher Cerf lleva veinticinco años componiendo temas para «Barrio Sésamo». Su amplia casa de Manhattan está repleta de recuerdos de dicho programa de televisión, como fotografías de Christopher abrazando a la gallina Caponata y cosas por el estilo.

—Bueno, desde luego no es lo que yo esperaba cuando los compuse —admitió Christopher—. He de reconocer que mi primera reacción fue pensar: «madre mía, ¿tan terrible es mi música?»

Me reí.

—Una vez escribí una canción para Epi y Blas titulada *Deja el patito de goma*. Ésa podría ser útil para interrogar a miembros del partido Baaz.*

—Muy ingenioso —señalé.

* Juego de palabras basado en la similitud fonética entre el nombre del partido Baaz en inglés (Ba'ath Party) y «*bath party*», «fiesta en el baño». *(N. del T.)*

—Esta entrevista —prosiguió Christopher— está patrocinada por las letras A, D y M.

—Qué bueno —dije, y los dos nos reímos. Tras una pausa, le pregunté—: ¿Cree que los prisioneros iraquíes, además de revelar información de vital importancia, están aprendiendo el abecedario y los números?

—Bueno, eso sería fantástico; matar dos pájaros de un tiro, ¿no? —dijo Christopher.

Me llevó a su estudio en la planta superior para ponerme una de sus composiciones, *Ya! Ya! Das ist a Mountain!*

—Así es como hacemos «Barrio Sésamo» —me dijo—: tenemos un equipo de investigadores en pedagogía que ponen a prueba las canciones para ver si funcionan, si los niños aprenden con ellas. Un año me pidieron que compusiera una canción para explicar lo que es una montaña, así que escribí una cancioncilla tontorrona de estilo tirolés sobre las montañas.

Christopher me cantó unos versos de la canción:

¡Umpa pa!
¡Umpa pa!
Ya! Ya! Esto es una montaña!
Una parte del suelo que sube muy alto!

—En fin —prosiguió—. El cuarenta por ciento de los chavales sabía lo que era una montaña antes de escuchar la canción, y en cambio, después de escucharla, sólo un veintiséis por ciento lo sabía. Eso era todo lo que necesitaban. Así que ahora no sabéis lo que es una montaña, ¿verdad? ¡Lo habéis olvidado! Así que supongo que si poseo la facultad de borrar información del cerebro de la gente con estas canciones, tal vez eso le resulte útil a la CIA como técnica de lavado de cerebro.

En ese momento sonó el teléfono de Christopher. Era un abogado de la sociedad de autores a la que pertenecía, BMI. Escuché la parte de conversación de Christopher.

—¿En serio? —dijo—. Entiendo... Bueno, en teoría tendrían que mantener un registro de eso para que yo reciba unos centavos por cada prisionero, ¿no? Vale. Adiós.

—¿De qué hablaban? —le pregunté a Christopher.

—De si tengo derecho a cobrar algo en concepto de derechos de autor por la reproducción de las canciones —me aclaró—. ¿Y por qué no? Sería de lo más americano. Si se me da bien escribir temas que vuelven loca a la gente de forma más rápida y eficaz que otros, ¿por qué no he de sacar provecho de ello?

Por consiguiente, unas horas más tarde, Christopher le pidió a Danny Epstein —supervisor musical de «Barrio Sésamo» desde que se emitió el primer programa en julio de 1969— que fuese a su casa. Sería responsabilidad de Danny cobrarles los derechos de autor al ejército si éste no cumplía con su obligación de presentar una lista de canciones utilizadas.

Durante cerca de una hora, Danny y Christopher intentaron calcular exactamente cuánto dinero debía cobrar este último si, como él suponía, sus temas se reproducían en un bucle continuo dentro de un contenedor marítimo durante un período de hasta tres días seguidos.

—Serían catorce mil veces o más en tres días —dijo Christopher—. Si se tratara de emisiones por radio, me darían tres o cuatro centavos cada vez que sonara la canción, ¿verdad?

—Sería una máquina de hacer dinero —convino Danny.

—Eso es lo que estoy pensando —dijo Christopher—.

Estaríamos ayudando a nuestro país y forrándonos a la vez.

—No creo que tengan suficiente presupuesto para pagar esos porcentajes —señaló Danny—. Si yo negociara en nombre de la ASCAP (Sociedad de Compositores, Autores y Editores de Estados Unidos), creo que pediría el porcentaje correspondiente a un tema o *jingle*, para dejárselo a precio de liquidación...

—Lo cual resulta muy apropiado pues, por lo que parece, prácticamente están liquidando a los prisioneros con la música —comentó Christopher.

Los tres nos reímos.

La conversación parecía oscilar incómodamente entre la ironía y el deseo auténtico de hacer dinero.

—Y eso es por sólo una sala de interrogatorios —dijo Danny—. Si hay una docena de salas, estamos hablando de pasta gansa. ¿Esto está patrocinado?

—Buena pregunta —dijo Christopher—. Está patrocinado por el Estado, creo. ¿Cobro más si lo está que si no lo está?

—¿Acaso le ofreceríamos una tarifa especial al Mossad? —replicó Danny.

Prorrumpimos en carcajadas.

—Creo que deberíamos cobrar derechos de autor —dijo Christopher—. Si yo hubiera compuesto las canciones directamente para el ejército, me los habrían pagado, ¿o no?

—No —respondió Danny—. Sería un trabajo por encargo. Habrían contratado tus servicios.

—Pues en este caso no han contratado mis servicios —observó Christopher.

—No estoy tan seguro —dijo Danny—. Como ciudadano estás obligado a trabajar para el ejército si te lo pide.

—Pues podrían haberme pedido que me ofreciera voluntario —dijo Christopher.

Se había puesto más serio. Danny se quitó las gafas y se frotó los ojos.

—Exigir una compensación por el uso de tu música en época de crisis —dijo al cabo de un momento— me parece un poco mezquino.

Y entonces los dos rompieron a reír a mandíbula batiente.

A finales de agosto de 2003, tras un largo intercambio de faxes y mensajes de correo electrónico, y después de que varias oficinas de seguridad del Pentágono y la embajada de Estados Unidos diesen su visto bueno, la gente de Operaciones Psicológicas accedió a mostrarme su colección de CDs.

Adam Piore, el periodista de *Newsweek*, había dicho que la lista de canciones que les ponían a todo volumen a los prisioneros la habían elaborado en el cuartel general de Operaciones Psicológicas. La colección estaba guardada en una serie de cabinas de radio situadas en un edificio bajo de ladrillos en medio de Fort Bragg, a unos 500 metros de donde, según los rumores, se encontraba Labo Cabras. Yo miraba constantemente por las ventanas con la esperanza de divisar alguna cabra aturdida o renqueante, pero no había ninguna a la vista.

Para empezar, los de Operaciones Psicológicas me enseñaron sus CDs de efectos sonoros.

—Son sobre todo un instrumento de engaño —me dijo el sargento que hizo las veces de guía durante esa parte del día— concebido para que las fuerzas enemigas crean estar oyendo algo que no existe.

Un CD de efectos de sonido llevaba una etiqueta que rezaba: «Loca diciendo: "Nunca le has caído bien a mi marido."»

—Compramos todo un lote —me explicó el sargento, y nos reímos.

«Muchos caballos que pasan galopando», decía otra etiqueta. Nos reímos de nuevo y comentamos que eso habría sido útil hace 300 años, pero hoy en día no.

Entonces me puso un sonido que sí tenía vigencia: «Ruidos de tanques.»

El rumor sordo de tanques hizo vibrar la cabina de radio. Era como si vinieran de todas direcciones a la vez. Según el sargento, en ocasiones los de Operaciones Psicológicas se escondían detrás de una colina que se alzaba al este del enemigo y reproducían a todo volumen esos ruidos, mientras los tanques de verdad se acercaban más sigilosamente por el oeste.

Luego me enseñó sus CDs de música árabe («Nuestros analistas y especialistas están familiarizados con todo aquello que pueda ser relevante desde el punto de vista popular y cultural, y nosotros compramos la música para ganarnos a la población»), y luego su colección de discos de Avril Lavigne y Norah Jones.

—¿De qué forma puede utilizarse a Avril Lavigne en países hostiles? —pregunté.

Se produjo un silencio.

—En algunas partes del mundo la música occidental es popular —respondió—. Intentamos mantenernos al día.

—¿Quién selecciona las canciones? —quise saber.

—Nuestros analistas —dijo—, en colaboración con nuestros especialistas.

—¿De qué países? —pregunté.

—Prefiero no entrar en detalles sobre eso.

Mi visita guiada por la sede de Operaciones Psicológicas fue un torbellino de actividad bien orquestado, como el que se habría organizado para un dignatario o un congresista. Los soldados de Operaciones Psicológicas saben diseñar octavillas, grabar discos compactos, manejar altavoces, tomar fotografías y acudir a su puesto para la visita oficial.

Me enseñaron sus estudios de radio y televisión, así como su archivo, cuyos estantes estaban repletos de cintas de vídeo con etiquetas como «Bahía de Guantánamo». Me llamó la atención un póster que recordaba a la gente de Operaciones Psicológicas cuáles eran sus funciones oficiales: «Llamamientos a la rendición. Control de multitudes. Engaño táctico. Hostigamiento. Guerra no convencional. Defensa interna en el extranjero.»

Me mostraron sus prensas para imprimir octavillas y las latas destinadas a ser lanzadas desde aviones para abrirse en el aire con el fin de diseminar decenas de miles de octavillas sobre territorio enemigo.

Los norteamericanos siempre han sido mejores que los iraquíes en lo que se refiere a las octavillas. Al principio de la primera guerra del Golfo, una unidad de Operaciones Psicológicas iraquí dejó caer sobre soldados estadounidenses un montón de octavillas concebidas para producir un efecto psicológicamente devastador. Decían: «Vuestras esposas están en casa acostándose con Bart Simpson y Burt Reynolds.»

Luego me llevaron a la sala de reuniones de Operaciones Psicológicas, donde me presentaron a los especialistas y a los analistas. Unos iban uniformados. Otros tenían el aspecto de cerebritos amables, con sus gafas y sus trajes.

Los especialistas me enseñaron algunas de las octavillas que helicópteros de Operaciones Psicológicas habían lanzado sobre tropas iraquíes un par de meses antes. En una de ellas se leía: «El uso de armas de destrucción masiva no beneficia a nadie. Toda unidad que emplee armas de destrucción masiva sufrirá represalias inmediatas y severas por parte de las fuerzas de la Coalición.»

—Este producto —explicó un especialista— establece un vínculo claro entre su necesidad no satisfecha y la conducta que nosotros deseábamos.

—¿A qué se refiere? —le pregunté.

—Su necesidad no satisfecha era el hecho de que no querían sufrir represalias severas. Y la conducta que nosotros deseábamos era que no empleasen armas de destrucción masiva.

Asentí con la cabeza.

—Nuestros productos más eficaces son los que establecen un vínculo entre una necesidad suya no satisfecha y un comportamiento deseado por nosotros —aseveró.

Hubo un silencio.

—Y no se utilizaron armas de destrucción masiva contra fuerzas estadounidenses —añadió el especialista—, de modo que muy probablemente esta octavilla dio resultado.

—¿De verdad cree que...? —empecé a decir—. Oh, dejémoslo.

Cogí otra octavilla. Rezaba: «No os dan alimentos. Vuestros hijos se mueren de hambre. Mientras pasáis penurias, los generales de Sadam están tan barrigudos y gordos que él tiene que multarlos a fin de mantenerlos en forma para el combate.»

Mientras leía esto, mantuve un breve diálogo con un analista de Operaciones Psicológicas llamado Dave. No llevaba uniforme. Era un hombre amigable de mediana edad. En aquel momento no le di mayor importancia a lo que dijo; me limité a asentir con una sonrisa, antes de que me sacaran a toda prisa de la sala de reuniones para llevarme a un despacho revestido con paneles de roble donde un hombre alto y apuesto con uniforme militar me estrechó la mano.

—Hola, soy el coronel Jack N... —dijo, y se sonrojó de una forma que me desarmó—. ¡Ene! —Se rio—. Es mi segundo nombre. Jack N. Summe. Soy el comandante del cuarto grupo aerotransportado de Operaciones Psicológicas, Fort Bragg, Carolina del Norte.

—¿Está al mando de todo el departamento de Operaciones Psicológicas? —le pregunté.

Él seguía sacudiéndome la mano vigorosamente.

—Estoy al mando del grupo de Operaciones Psicológicas en activo del ejército de Estados Unidos —dijo—. Nuestro trabajo consiste en convencer a nuestros adversarios de que apoyen las políticas del gobierno y contribuyan a hacer del campo de batalla un lugar menos peligroso por medio del uso de técnicas multimedia.

—Coronel Summe —dije—. ¿Qué puede contarme de la utilización de canciones de «Barney» y «Barrio Sésamo» por parte de Operaciones Psicológicas dentro de contenedores marítimos en al-Qāim?

El coronel Summe no tardó ni medio segundo en responder.

—Yo estaba en el cuartel general del estado mayor conjunto y tomé el mando del cuarto grupo de Operaciones Especiales el 17 de julio, así que no tuve la posibilidad de desplegar a mi gente en Iraq para supervisar el desarrollo de las operaciones. —Hizo una pausa para tomar una pequeña bocanada de aire antes de proseguir—: Actuamos como proveedores de refuerzos. Cuando se produce una crisis y se requieren nuestros servicios, enviamos a gente de Operaciones Psicológicas para dar apoyo. Cuando Operaciones Psicológicas se despliega... —las palabras del coronel Summe, que salían de su boca como fuego de ametralladora, me mareaban. Yo sonreía y asentía, aturdido—..., siempre damos apoyo al oficial al mando. Ni el comandante ni los jefes de maniobras o de zona son jamás oficiales de Operaciones Psicológicas. Siempre actuamos como grupo de refuerzo. Así, cuando ponemos una fuerza de Operaciones Especiales bajo el mando de un oficial, él puede identificar el uso de altavoces de Operaciones Psicológicas con ese mismo objetivo...

Yo no dejaba de asentir con la cabeza. Era casi como si el coronel Summe quisiera decirme algo, pero de tal manera que yo no pudiese entenderlo. Mientras mi mente vagaba y mis ojos se posaban en el patio, al otro lado de la ventana de su despacho, con la vana esperanza de avistar cabras heridas, pensé que tal vez el hombre estaba empleando conmigo alguna táctica de Operaciones Psicológicas.

—... si tenemos fuerzas de combate en el terreno prefiero que nuestro grupo de Operaciones Psicológicas les proporcione apoyo a que centre sus energías en una misión de otra naturaleza, como usted ha dado a entender.

Acto seguido, el coronel Summe tosió, me estrechó la mano de nuevo y me dio las gracias por mi interés antes de que me sacaran a toda prisa de su despacho.

8

El Depredador

El maestro de artes marciales Pete Brusso, que da clases de combate cuerpo a cuerpo en la base de marines de Camp Pendleton en San Diego, se ha leído el *Manual de Operaciones del Primer Batallón de la Tierra* de Jim Channon, «de la primera a la última palabra». Sólo una semana antes de que me entrevistara con Pete, en marzo de 2004, mantuvo una larga conversación telefónica con Jim sobre cómo podían ponerse en práctica los principios del Primer Batallón de la Tierra en el Iraq actual. Pete tenía a «varios de mis agentes» en Iraq «ahora mismo», según me aseguró.

Estábamos atravesando Camp Pendleton en el Hummer HI de 167.000 dólares de Pete. En la placa de la matrícula se leía: «Mi otro coche es un tanque.» El Hummer de Pete es como una versión de pesadilla del automóvil de *Chitty Chitty, Bang Bang*, ya que puede desplazarse por el agua, avanzar por el terreno más accidentado del planeta, y dispone de varios espacios en la carrocería en los que acoplar las armas. Pete subió el volumen de la música para mostrarme la potencia de su estéreo de última generación. Me puso un tema muy fuerte, que se oía con claridad cristalina, pero que prácticamente todo el rato sonaba a algo así como «bling, blong, bling, blong».

—LO COMPUSE YO MISMO —gritó Pete.

—¿QUÉ? —pregunté.

Pete bajó el volumen.

—Yo mismo compuse esta música —repitió.

—Es interesante —dije.

—Le diré por qué es interesante —aseveró Pete—. Impide las escuchas secretas. ¿Que alguien ha escondido micros en este Hummer? Le doy caña a la música y ya está. Los dispositivos de escucha no pueden con eso. Por lo general los espías pueden filtrar la música de una grabación para escuchar la conversación. Pero con esta música, no.

Pete hace para los marines de Camp Pendleton lo que Guy Savelli hacía para las Fuerzas Especiales en Fort Bragg. Les enseña técnicas de artes marciales con un toque de filosofía del Primer Batallón de la Tierra. Sin embargo, a diferencia de Guy, Pete es un veterano del ejército. Luchó en Camboya durante diez meses. Debido a su experiencia en combate, se muestra algo desdeñoso respecto a los poderes de Guy para matar cabras con la mirada. En el campo de batalla no hay cabras violentas que te embistan. La mirada matacabras de Guy tal vez fuera legendaria, pero en esencia no era más que un truco de feria.

A continuación, Pete puso la música a toda potencia y me contó un secreto del que no entendí una sola palabra, de modo que volvió a bajar el volumen y me lo contó de nuevo. El secreto era que él y Guy Savelli son rivales. Desde el 11-S, algunos altos cargos del ejército han estado contemplando la posibilidad de establecer un programa de entrenamiento en artes marciales obligatorio. Los dos *sensei*, Pete y Guy, estaban compitiendo entre sí por el contrato. Lo que Pete vino a decirme era que no había color. ¿De verdad querría el ejército contratar a un civil como Guy, con sus trucos de feria?

En pocas palabras, Pete es un pragmático. Admira el Primer Batallón de la Tierra, pero se ha fijado la meta de adaptar las ideas de Jim a las necesidades prácticas de los marines en el campo de batalla.

Le pedí a Pete que me diera un ejemplo de esas necesidades prácticas.

—Vale —dijo—. Imagine que tiene justo delante de usted a una panda de insurgentes. Está usted solo. Quiere disuadirlos de que lo ataquen. ¿Qué debe hacer?

Le dije que no lo sabía.

Pete me explicó que la respuesta residía en el campo psíquico; concretamente en el uso de la estética visual a fin de infundirle al enemigo una desmotivación para atacar.

—¿Podría ser más explícito? —pregunté.

—De acuerdo —dijo Pete—. Lo que tiene que hacer es agarrar a uno de ellos, arrancarle los globos oculares y acuchillarlo en el cuello, de modo que la sangre mane a borbotones, como una fuente, y salpique a sus amigos. Debe machacarlo a base de bien delante de sus amigos.

—Vale —dije.

—O castigue directamente los pulmones —continuó Pete—. Ábrale un buen boquete en el pecho. Entonces él se pondrá a dar boqueadas y a echar espuma por la boca. O rájele la cara con un cuchillo. Le diré algo que nunca falla: clavarle el cuchillo en la clavícula, uno de los dos huesos alargados que tenemos aquí debajo de la garganta. Entonces se puede arrancar casi todo el tejido en ese lado del cuello, con un movimiento sencillo, desde el punto de vista de la física. —Pete hizo una pausa—. ¿Entiende? Lo que estoy haciendo con ello es crear una fuerte desmotivación psíquica y visual para disuadir a los otros insurgentes de que me ataquen.

Pete volvió a subir el volumen del estéreo.

—ÉSA ES... —grité.

—¿QUÉ? —gritó Pete.

—... ES UNA INTERPRETACIÓN MUY LIBRE DE LOS IDEALES DE JIM —bramé.

Pete bajó la intensidad de la música una vez más y se encogió de hombros como diciendo: «Es lo que hay. Así es la guerra.»

Nos detuvimos delante de un hangar. Media docena de los reclutas bajo el mando de Pete estaba esperándolo. Entramos caminando a paso tranquilo. De pronto, Pete me dijo:

—Estrangúleme.

—Disculpe, ¿cómo dice? —pregunté.

—Estrangúleme —repitió Pete—. Soy un viejo gordo. ¿Qué puedo hacerle? Estrangúleme. Apriéteme aquí. —Y se señaló el cuello—. Estrangúleme —dijo con suavidad—. Vamos, estrangúleme, hombre.

—Oiga —le dije a Pete—, creo que ni usted ni yo tenemos que demostrar nada.

—Estrangúleme —insistió Pete—. Atáqueme.

Al decir la palabra «atáqueme» hizo el gesto de trazar unas comillas en el aire con los dedos, lo que me dio un poco de rabia porque era como insinuar que yo no era capaz más que de lanzar un amago de ataque. Era cierto, pero hacía sólo unos minutos que nos conocíamos, y me parecía que me estaba juzgando precipitadamente.

—Si al final decido estrangularlo —dije—, ¿qué pretende hacer usted?

—Interrumpir el hilo de su pensamiento —dijo Pete—. Su cerebro tardará tres décimas de segundo en comprender lo que le está ocurriendo. Y después de esas tres décimas de segundo le tendré bajo mi poder. Sólo voy a tocarlo. Ni siquiera voy a mover los pies. Pero me proyectaré hacia usted, y usted saldrá volando.

—Bien —dije—. Si decido estrangularlo, ¿tendrá usted presente que no soy un marine?

—Estrangúleme —dijo Pete—. Venga.

Me volví hacia atrás y vi varios objetos con bordes afilados.

—No quiero que me lance contra cosas afiladas —dije—. Nada de bordes afilados.

—Vale —convino Pete—, nada de bordes afilados.

Alcé las manos, listo para estrangular a Pete, y entonces caí en la cuenta de la violencia con que me temblaban. Hasta ese momento yo había dado por sentado que estábamos haciendo el tonto, pero al ver mis manos supe que no era así. Sentí una debilidad abrumadora y bajé las manos.

—Estrangúleme —reiteró Pete.

—Antes de estrangularlo —dije—, me gustaría hacerle un par de preguntas más.

—Estrangúleme —me apremió Pete—. Vamos, estrangúleme. Venga, estrangúleme sin más.

Suspiré, coloqué las manos en torno al cuello de Pete y empecé a apretar.

No vi las manos de Pete moverse. Sólo sé que de golpe noté un dolor muy fuerte en las axilas, el cuello y el pecho, y que salí volando a través de la habitación, hacia dos marines que se apartaron amablemente de mi trayectoria. Luego me deslicé por el suelo como un patinador caído hasta quedar a sólo unos centímetros de los objetos de bordes afilados. Me dolía todo el cuerpo, pero estaba muy impresionado. No cabía duda de que Pete era todo un maestro de la violencia.

—Joder —mascullé.

—¿Te he hecho daño? —preguntó Pete.

—Sí —respondí.

—Ya sé que hace daño —dijo Pete, que parecía muy complacido consigo mismo—. Duele que te cagas, ¿a que sí?

—Sí —respondí.

—Has sentido miedo, ¿verdad? —señaló Pete—. Antes de empezar.

—Sí —contesté—. Estaba paralizado de miedo antes de empezar.

—¿Dirías que ese grado de miedo era anormal en ti? —preguntó Pete.

Reflexioné sobre ello.

—Sí y no —respondí al cabo.

—Explícate —me animó Pete.

—A veces siento miedo cuando algo malo me pasa o está a punto de pasarme —dije—, pero, por otro lado, la intensidad del miedo que se adueñó de mí segundos antes del intento de estrangulamiento me parece insólita. No me cabe duda de que estaba más asustado de lo que debía.

—¿Y sabes por qué? —dijo Pete—. No ha sido por ti, sino por mí. Ha sido la proyección del pensamiento. Me he metido en tu cabeza.

Me explicó que me había utilizado como objeto de una aplicación práctica de la visión de Jim Channon. Yo había representado el papel de insurgente iraquí salpicado por la sangre que manaba a borbotones del cuello de su amigo. Yo había sido el hámster. Había sido la cabra.

Entonces Pete se sacó del bolsillo un pequeño objeto de plástico amarillo. Tenía unos bordes serrados, otros bordes lisos y un agujero en el centro. Parecía un juguete para niños, aunque sin una función manifiestamente divertida. Ese objeto amarillo, según Pete, era obra suya, aunque encarnaba los ideales de Jim Channon. En ese momento lo llevaban en el bolsillo los soldados de la 82ª división aerotransportada en Iraq, y pronto, Pentágono mediante, lo llevarían en el bolsillo todos los soldados de las fuerzas armadas de Estados Unidos. Pete aseguró que su invento «no daña al medio ambiente; posee espíritu propio, es tan humanitario como tú quieras que sea. Las partes puntiagudas penetran en las personas; puede absorberte la vida en un abrir y cerrar de ojos y tiene una pinta un poco rara. Es —dijo— el Primer Batallón de la Tierra.»

—¿Cómo se llama? —pregunté.

—El Depredador —dijo Pete.

Durante el par de horas que siguió, Pete me lastimó los chakras de muchas, muchas maneras distintas con su Depredador. Me agarró el dedo, lo metió en el agujero y lo hizo girar 180 grados.

—Ya eres mío —dijo.

—Deja de hacerme daño —dije.

Me sujetó la cabeza, me introdujo un extremo puntiagudo en la oreja y me levantó en vilo como a un pez atrapado en un anzuelo.

—Por Dios santo —le rogué—. Basta.

—Hay una anécdota fantástica de Iraq sobre eso, por cierto —dijo Pete.

—¿Sobre esto de la oreja? —pregunté, levantándome del suelo y quitándome el polvo de la ropa.

—Sí —dijo Pete.

—¿Qué tiene que ver la anécdota de Iraq con meterle el Depredador en la oreja a alguien? —quise saber.

Se disponía a contármelo cuando un comandante de marines que se encontraba cerca de nosotros sacudió la cabeza de forma apenas perceptible, y Pete se quedó callado.

—Baste decir —prosiguió Pete— que el iraquí que no quería ponerse de pie acabó poniéndose de pie. —Hizo una pausa—. ¿Quieres que te reduzca con un poco de dolor? —inquirió.

—No —dije.

En un instante, Pete me frotó el borde dentado del Depredador contra una parte del pómulo y, mientras yo profería un alarido desgarrador, me aferró los dedos y los apretó sin piedad contra el borde liso.

—¡BASTA! —aullé.

—Imagínate esta situación —propuso Pete—: Estamos en un bar de Bagdad y yo quiero que vengas conmigo. ¿Vendrías ahora conmigo o no?

—Deja de hacerme daño todo el rato —dije.

Pete se detuvo y contempló su Depredador con evidente afecto.

—Lo que mola de esto —comentó— es que si alguien lo encontrara en el suelo no sabría lo que es, aunque en realidad es un arma de lo más letal.

Guardó silencio por un momento y luego añadió:

—Los ojos.

—¡No! —exclamé.

—Se pueden sacar ojos —afirmó Pete— con esta cosita.

En la planta 34 del Empire State Building, en la ciudad de Nueva York, Kenneth Roth, director de la ONG Human Rights Watch, se percató de que estaba en una situación incómoda. Desde que se había destapado el caso Barney, varios periodistas lo habían llamado para pedirle declaraciones. Era un chiste surrealista y con mucho encanto, pero a la vez destila una familiaridad reconfortante, la comicidad del reconocimiento. Si la tortura tenía que ver con Barney, no podía ser tan terrible. De hecho, un artículo publicado el 21 de mayo de 2003 en el *Guardian*, un periódico que rara vez tenía un enfoque optimista o divertido respecto a la guerra de Iraq, decía lo siguiente:

> Lo que tienen que soportar los *fedayin* o la Guardia Republicana no es nada. Sí, les ponen la canción de Barney, pero ¿a qué hora? ¿Al mediodía? No hay para tanto. Sólo cuando te han arrancado del sueño antes del amanecer, día tras día a lo largo de meses, para introducirte en el mundo fosforito de Barney..., sólo entonces sabes lo que es el horror de la guerra psicológica que trae consigo la convivencia con un niño en edad preescolar.

Se había convertido en el chiste más gracioso de la guerra. Pocas horas después de que saliese a la venta el número de *Newsweek* con el artículo de Adam Piore, en Internet proliferaron las bromas relacionadas con Barney y la tortura, tales como «¡Un bucle interminable con el tema de *Titanic* cantado por Céline Dion sería infinitamente peor! ¡Lo confesarían todo antes de que pasaran diez minutos!»

En otro foro de discusión se leía: «Creo que haría falta

someter a los más duros de pelar a 12 horas de Céline Dion.»

En un tercer grupo de debate vi el siguiente mensaje: «¿Por qué no echaron toda la carne en el asador poniéndoles a Céline Dion? ¡Ése sí que habría sido un castigo cruel y poco común!»

Y cosas por el estilo.

Lo cierto es que el tema de *Titanic* interpretado por Céline Dion sí se estaba utilizando en Iraq, si bien en un contexto distinto. Una de las primeras tareas de Operaciones Psicológicas tras la caída de Bagdad fue tomar las emisoras de radio controladas por Sadam con el fin de transmitir un nuevo mensaje: el de que Estados Unidos no era el Gran Satán. Una de las maneras en que intentaron conseguirlo fue poniendo una y otra vez la canción *My Heart Will Go On*. ¿Cómo iba a ser malo un país que producía melodías como ésa? Me recordó mucho los «ojos chispeantes» y los corderitos de los que hablaba Jim Channon.

El mismo Adam Piore me había confesado que le parecía desconcertante el revuelo que estaba causando su artículo sobre Barney.

—Ha tenido un eco impresionante —dijo—. Cuando yo estaba en Iraq, mi novia me telefoneó para decirme que lo había leído en la barra de noticias del canal CNN. No le creí. Pensé que debía de tratarse de un error. Pero entonces los de Fox News quisieron entrevistarme. Luego me enteré de que lo habían comentado en el programa «Today». Y más tarde lo vi en «Stars & Stripes».

—¿Cómo daban la noticia? —le pregunté.

—Como un dato gracioso —respondió Adam—. Siempre como un dato gracioso. Fue un poco indignante estar en aquel sitio de mierda de la frontera, en una estación de tren abandonada, en unas condiciones de lo más incómodas, sin poder ducharme y durmiendo en un catre, para que luego, cuando nos pusieron tele por cable un par de días después, apareciera un texto deslizándose por la pantalla... con la noticia Barney.

Kenneth Roth, de Human Rights Watch, era muy consciente del ambiente que imperaba. Sabía que si sus respuestas a las preguntas de los periodistas eran demasiado serias, daría la impresión de que estaba fuera de onda. La gente lo tomaría por un aguafiestas.

Por consiguiente, les dijo a los periodistas, entre los que me encontraba: «Tengo hijos pequeños. Entiendo que el tema principal de «Barney» pueda volver loco a alguien. Si me obligaran a oír "te quiero a ti, me quieres a mí..." repetido una y otra vez a muchos decibelios durante horas, también estaría dispuesto a confesar cualquier cosa.»

Los periodistas se rieron, pero él se apresuró a añadir: «Y me pregunto qué más está pasando dentro de esos contenedores mientras suena la música. Tal vez traten a los prisioneros a patadas. Tal vez los tengan desnudos, con una bolsa en la cabeza. Tal vez estén encadenados y colgados cabeza abajo...»

Sin embargo, los periodistas rara vez o nunca mencionaban esas posibilidades en sus crónicas.

En la época en que me entrevisté con Kenneth Roth él estaba más que harto de hablar de Barney.

—Han sido muy astutos en relación con eso —afirmó.

—¿Astutos? —pregunté.

Parecía estar insinuando que se le había dado tanta difusión a la historia sobre Barney sólo para que todas las violaciones de derechos humanos que se estaban cometiendo en el Iraq de posguerra pudieran reducirse a esa anécdota graciosa.

Así se lo planteé y él se encogió de hombros. No sabía lo que estaba pasando, dijo. Ése era el problema.

Lo que yo sí sabía era que el sargento Mark Hadsell, el soldado de Operaciones Psicológicas que se acercó a Adam Piore aquella noche y le dijo «ve a echar un vistazo adonde están los prisioneros», no había recibido más que una reprimenda leve por su indiscreción. ¿Tenía razón Kenneth Roth? ¿Habían elegido a Barney para torturar a prisioneros en Iraq simplemente porque el dinosaurio les ofrecía un arma poderosa, una historieta divertida para la opinión pública estadounidense?

En un edificio de la policía que se alza en lo alto de una colina de Los Ángeles, hay una habitación que contiene varios aerosoles lacrimógenos, pistolas paralizantes y *malodorants*, unas cápsulas diminutas rellenas de un polvo compuesto de «materia fecal, mamíferos muertos, azufre y ajo» que son «magníficas para dispersar multitudes» y podrían «asfixiar hasta a un gusano». El hombre que me enseñó estas cosas era el comandante Sid Heal del Departamento del Sheriff de Los Ángeles. Después del coronel del Primer Batallón de la Tierra, John Alexander, Sid es el mayor defensor de la tecnología no letal en Estados Unidos.

Sid y el coronel Alexander —Sid lo llama «mi mentor»— se reúnen con frecuencia en casa del primero para darse descargas el uno al otro con artilugios de nueva invención. Si los resultados los convencen a los dos, Sid incorpora dichos artilugios al arsenal de las fuerzas del orden de Los Ángeles. Luego, como ocurrió con la pistola eléctrica TASER, algunas de esas armas se extienden a toda la comunidad policial de Estados Unidos. Quizás, un día a alguien le dé por calcular cuántas personas siguen vivas gracias a que Sid Heal y el coronel Alexander evitaron que agentes de la policía las mataran a tiros.

Como Sid Heal ha consagrado su vida a la investigación en nuevas tecnologías no letales, supuse que querría saberlo todo sobre la tortura con Barney, pero cuando le describí los detalles que conocía —la luz que parpadeaba, la música repetitiva, el contenedor marítimo— mostró una gran perplejidad.

—No sé por qué lo hacen —dije.

—Yo tampoco —dijo él.

Se produjo un silencio.

—¿Cree que ellos saben por qué lo hacen? —le pregunté.

—Desde luego. —Sid sonrió—. No creo que nadie se tomara tantas molestias para montar un tinglado tan complejo sin un objetivo final. En nuestra cultura no hacemos experimentos unos con otros.

Sid se quedó callado. Se puso a pensar en la técnica de Barney y en las luces parpadeantes que la acompañaban, y de pronto una expresión de asombro se dibujó en su rostro.

—Supongo que podría... —Hizo una pausa y dijo—: Olvídalo.

—¿Qué? —pregunté.

—Podría tratarse del efecto Bucha.

—¿El efecto Bucha? —pregunté.

Sid me contó la primera vez que oyó hablar del efecto Bucha. Fue en Somalia, dijo, durante la utilización parcialmente desastrosa de la Espuma Pegajosa del coronel Alexander. Los expertos en tecnología no letal que habían viajado a Mogadiscio junto con la espuma estaban con los ánimos por los suelos, comprensiblemente, y la conversación derivó hacia lo que podía ser el Santo Grial de esas ciencias exóticas. Fue entonces cuando un teniente llamado Robert Ireland habló del efecto Bucha.

Todo empezó en la década de 1950, según me dijo Sid, cuando los helicópteros empezaron a caerse en pleno vuelo, a estrellarse sin motivo aparente, y los pilotos que salían con vida no encontraban explicación para ello. Simplemente iban volando como de costumbre cuando de pronto sentían náuseas y debilidad y perdían el control del aparato, que se precipitaba al vacío.

Así pues, mandaron llamar a un tal doctor Bucha para que resolviese el misterio.

—Lo que descubrió el doctor Bucha —dijo Sid— es que la hélice filtraba intermitentemente la luz del sol, lo que producía un efecto estroboscópico que, al aproximarse a la frecuencia de las ondas cerebrales, interfería con la capacidad del cerebro de transmitir correctamente la información al resto del cuerpo.

A raíz de las conclusiones del doctor Bucha, se introdujeron nuevas medidas de seguridad, como el uso de cristales tintados y cascos con visera, entre otras.

—Créame —me dijo Sid Heal—, hay formas de inducir privación del sueño que no son tan complicadas. ¿Música de Barney? ¿Luces parpadeantes? La privación del sueño puede ser una derivación secundaria, pero seguro que buscan un efecto oculto más profundo. A mí me da que buscan el efecto Bucha. Me da que van a por la amígdala cerebral. Imagínese lo siguiente —continuó Sid—: Va caminando por un pasillo oscuro, cuando una figura se le planta delante de un salto. Usted grita y recula, y de repente se da cuenta de que es su esposa. No se trata de dos datos distintos —aseguró—, sino de un solo dato procesado a la vez por dos partes distintas del cerebro. La parte encargada del raciocinio tarda tres o cuatro segundos. Pero la parte encargada de reaccionar, la amígdala cerebral, sólo tarda una fracción de segundo.

Aprovechar ese tiempo de reacción de la amígdala, esos apabullantes segundos de conmoción insoportable y paralizante; aprovechar esos instantes y no dejarlos ir, alargarlos todo lo que requiera la operación: éste, según Sid, es el objetivo del efecto Bucha.

—Sería el arma no letal definitiva —dijo.

—¿O sea que la tortura con luz estroboscópica y música de Barney dentro de un contenedor marítimo detrás de una estación de tren en al-Qāim podría ser en realidad el arma no letal definitiva? —pregunté.

—No conozco a nadie que haya tenido éxito —dijo Sid—. El problema es que la frontera entre ser eficiente y dejar a alguien discapacitado de por vida es tan fina que...

Entonces se quedó callado, creo que porque se percató de que completar su frase implicaba pensar en lo que no quería pensar; en los soldados destinados en Iraq, que, a diferencia de él, no concedían mayor importancia a esa frontera.

—Pero podrían haber tenido éxito —observé.

—Podrían haber tenido éxito —dijo Sid con aire melancólico—. Sí. —Luego agregó—: Pero cualquier tipo de arma no letal que fuerce a un prisionero a confesar durante un interrogatorio tiene un interés nulo para nosotros, porque las pruebas que extrajéramos de ello no se considerarían válidas en un juicio.

—Pero no tienen esas limitaciones en al-Qāim —señalé.

—No, no las tienen —admitió Sid.

—Ajá —dije.

—¿Tiene usted idea de con qué ha topado aquí? —preguntó Sid.

—¿Con qué? —pregunté.

—Con el lado oscuro —dijo.

Me despedí de Sid y regresé al Reino Unido, donde me encontré con que me habían enviado siete fotografías. Las había tomado un fotógrafo de *Newsweek*, Patrick Andrade y rezaban: «Un prisionero es conducido de vuelta a una zona de detención en al-Qāim tras un intento de fuga.» Aunque no hay rastro alguno de altavoces, las imágenes muestran el interior de uno de los contenedores marítimos colocados detrás de la estación de ferrocarril abandonada.

En la primera foto, dos soldados americanos muy musculosos empujan al detenido por un paisaje de hierro corrugado y alambre de espino. El hombre no parece muy difícil de empujar. Está flaco como una escoba. Lleva la cara tapada con un trapo. Uno de los soldados le aprieta una pistola contra la nuca. Tiene el dedo apoyado en el gatillo.

En el resto de las fotografías, el detenido aparece dentro del contenedor. Está descalzo, tiene los tobillos atados con una delgada cinta de plástico y se encuentra acuclillado en un rincón, contra la pared corrugada plateada. El suelo de metal está recubierto de un polvo marrón y salpicado de pequeños charcos de algún líquido. Al fondo del contenedor, entre las sombras, se alcanza a distinguir la figura de otro detenido, hecho un ovillo en el suelo, con una capucha en la cabeza.

En estas imágenes el trapo sólo le tapa los ojos al primer prisionero, que lleva descubierto el rostro, un rostro surcado de profundas arrugas, como el de un viejo, pese a que el bozo en su labio superior revela que debe de tener sólo unos diecisiete años. Lleva un chaleco blanco rasgado lleno de manchas amarillas y marrones. Veo una herida abierta en uno de los escuálidos brazos y, justo encima, un número escrito con rotulador negro.

Es posible que ese chico haya hecho cosas terribles. No sé nada de él salvo por esos siete retazos de su vida. Pero una cosa puedo decir. En la última foto, aparece gritando tan fuerte que casi da la impresión de que se ríe.

9

El lado oscuro

«En nuestra cultura no hacemos experimentos unos con otros», me había dicho Sid Heal en Los Ángeles a principios de abril de 2004.

Transcurrió un par de semanas, y entonces salieron a la luz las otras fotografías. Eran de iraquíes recluidos en la cárcel de Abu Ghraib, a las afueras de Bagdad. A Lynndie England, reservista estadounidense de veintiún años, la habían fotografiado arrastrando a un hombre desnudo por el suelo con una correa. Otra imagen la mostraba muy sonriente, con un cigarrillo en los labios y señalando los genitales de una hilera de prisioneros despojados de ropa y encapuchados.

Lynndie England, con su pelo a lo *garçon* y su rostro encantadoramente juvenil, era la estrella de muchas de las fotos. Era ella quien aparecía arrodillada, riéndose, tras una pila de hombres desnudos a quienes habían obligado a formar una especie de pirámide humana. Un iraquí atado al armazón de una cama, con la espalda arqueada dolorosamente, llevaba la cabeza tapada con lo que podría ser una prenda de ropa interior de England.

Parecía que un pequeño grupo de guardias militares en el que destacaba Lynndie England había realizado sus fantasías sexuales en Abu Ghraib, y que su deseo de hacer fotografías a manera de trofeo había sido su perdición.

El secretario de Defensa de Estados Unidos, Donald Rumsfeld, se desplazó hasta la prisión. Les aseguró a los soldados allí reunidos que los sucesos que mostraban las imágenes habían sido obra de «unos pocos que han traicionado nuestros valores y manchado el buen nombre de nuestro país. Ha sido un duro golpe para mí. Quienes hayan cometido crímenes serán juzgados, y el pueblo norteamericano estará orgulloso de ello, al igual que el pueblo iraquí».

El ejército fijó un letrero en la puerta de la cárcel que rezaba: «Estados Unidos es un país amigo de todo el pueblo iraquí.»

Lynndie England fue detenida. Para entonces ya había regresado a Estados Unidos, estaba embarazada de cinco meses y desempeñaba tareas de oficina en Fort Bragg. Resultó ser que se había criado en una ciudad pobre de la Virginia Occidental profunda y que había vivido en una caravana durante un tiempo. Para algunos comentaristas, eso lo explicaba todo.

«*Defensa* llega a Iraq», decía un titular.

En la película estadounidense de 1972 *Defensa (Deliverance)*, obligan a Bobby, el vendedor de seguros con sobrepeso, a desnudarse. A continuación el más corpulento de los dos paletos lo viola por detrás, mientras Bobby obedece la orden de chillar como un cerdo. Tal vez sea hora de plantearnos si realmente aquellos personajes eran meras caricaturas. Al fin y al cabo, la señorita England procede de territorio paleto.

Si las fotografías resultaban sumamente repulsivas, lo eran aún más para el pueblo de Iraq, al que Sadam había inculcado la idea de que Estados Unidos era por naturaleza un país incontrolablemente depravado e imperialista. La imagen mostraba a unos jóvenes musulmanes cautivos víctimas de humillaciones y de lo que parecía la grotesca decadencia sexual norteamericana. Me pareció una coincidencia desafortunada que la joven Lynndie England y sus amigos creasen un cuadro viviente que encarnaba lo que más asquea y repugna al pueblo iraquí, ese pueblo cuyo corazón y mente se disputaban las fuerzas de la Coalición y los fundamentalistas islámicos.

Sin embargo, los abogados de Lynndie England revelaron que la defensa se basaría en alegar que ella sólo obedecía las órdenes de ablandar a los prisioneros antes de los interrogatorios y que dichas órdenes emanaban nada menos que del servicio de inteligencia militar, la unidad dirigida en otro tiempo por el general Albert Stubblebine III.

Era triste recordar todos aquellos golpes contra la pared, todos aquellos cubiertos doblados, y ver en qué habían acabado las buenas intenciones del general Stubblebine. Sus soldados jamás habrían llevado a cabo actos tan terribles. Por el contrario, habrían realizado proezas asombrosas junto con encomiables acciones filantrópicas.

Telefoneé al general Stubblebine.

—¿Qué es lo primero que pensó cuando vio las fotografías? —le pregunté.

—Lo primero que pensé —dijo— fue «¡oh, mierda!».

—¿Y lo segundo que pensó?

—«Gracias a Dios que no soy yo el que está en la parte de abajo de la pirámide.»

—¿Y lo tercero?

—Lo tercero que pensé —dijo el general— fue: «Esto no fue iniciativa de unos jóvenes soldados de a pie. Seguro que los servicios de inteligencia están detrás de todo.» Se lo dije a Rima. Le dije: «Ya lo verás. Han sido los de inteligencia.» Sí. Un pez gordo de inteligencia lo planeó deliberadamente, lo defendió, lo orquestó y entrenó a personas para hacerlo. No me cabe la menor duda. Sea quien sea, ahora debe de estar bien oculto.

—¿Los de inteligencia militar? —pregunté—. ¿La gente que estuvo bajo su mando?

—Es una posibilidad —respondió—, pero no lo creo.

—Entonces ¿quién?

—La Agencia —dijo.

—¿La Agencia?

—La Agencia —confirmó.

—¿En colaboración con Operaciones Psicológicas? —pregunté.

—Estoy seguro de que ellos están en el ajo —contestó el general—. Segurísimo. Sin lugar a dudas.

Hubo un silencio.

—Verá —dijo el general Stubblebine—, si ellos se hubieran ceñido a las ideas de Jim Channon, no les habría hecho falta recurrir a esas tácticas de mierda.

—Cuando habla de las ideas de Jim Channon, ¿se refiere a la música a todo volumen? —inquirí.

—Sí —dijo el general.

—¿O sea que la idea de bombardear a los prisioneros con música muy fuerte —dije— surgió con toda certeza del Primer Batallón de la Tierra?

—Con toda certeza —dijo el general—. Sin duda. Y también las frecuencias.

—¿Las frecuencias? —pregunté.

—Sí, las frecuencias —dijo.

—¿Y qué hacen las frecuencias?

—Desequilibran a la gente —respondió—. Se puede hacer toda clase de cosas con las frecuencias. Caray, con una frecuencia determinada puedes hacer que alguien sufra diarrea o que vomite hasta la primera papilla. No entiendo por qué tuvieron que hacer esa mierda que vio usted en las fotos. ¡Bastaba con que los bombardearan con frecuencias! —Hizo una pausa—. Aunque, ahora que lo pienso —añadió, algo apesadumbrado—, no sé qué diría la convención de Ginebra respecto a eso.

—¿Respecto a la música y las frecuencias?

—Supongo que nadie se ha parado a pensar en eso siquiera —dijo el general—. Seguramente se trata de un terreno inexplorado desde el punto de vista de la convención de Ginebra.

El 12 de mayo de 2004, Lynndie England concedió una entrevista a un periodista de Denver llamado Brian Maas:

BRIAN MAAS: ¿Les ocurrieron cosas peores a los reclusos de esa prisión que las que hemos visto en las fotografías?

LYNNDIE ENGLAND: Sí.

BRIAN MAAS: ¿Puede hablarme de ello?

LYNNDIE ENGLAND: No.

BRIAN MAAS: ¿Qué pensaba usted mientras tomaban esas fotos?

LYNNDIE ENGLAND: Pensaba que era un poco raro... Bueno, en realidad yo no tenía ganas de salir en ninguna foto...

BRIAN MAAS: Hay una fotografía en la que usted aparece sujetando a un prisionero iraquí con una correa. ¿Cómo se produjo esa situación?

LYNNDIE ENGLAND: Personas de rango superior me ordenaron que me pusiera allí, que sujetase la correa y mirase a la cámara. Entonces hicieron una foto para Operaciones Psicológicas, y eso es todo lo que sé. Me indicaron que me quedara allí y que levantase el pulgar, sonriendo, detrás de la pirámide de iraquíes desnudos [para que me fotografiaran].

BRIAN MAAS: ¿Quién se lo pidió?

LYNNDIE ENGLAND: Altos cargos en mi cadena de mando... Era para la gente de Operaciones Psicológicas, y sus métodos funcionaban. O sea que nosotros sólo cumplíamos nuestro deber; es decir, hacíamos lo que nos mandaban, y el resultado era el que ellos querían. Ellos venían, miraban las fotos y declaraban: «Ah, es una buena táctica, seguid adelante con ella. Da resultado. Está dando resultado. Continuad poniéndola en práctica, nos está dando lo que queremos.»

Lynndie England parecía dar a entender que las fotografías no eran más que un elaborado montaje de Operaciones Psicológicas. Según ella, las personas de OO.PP. que la animaban a seguir adelante con ello porque les estaba dando lo que querían no llevaban placas de identificación. Yo empezaba a preguntarme si aquellas escenas no las habría planeado cuidadosamente un especialista cultural de Operaciones Psicológicas con el fin de presentar una visión que repugnaría a la mayoría de los hombres iraquíes. ¿Cabía la posibilidad de que los actos captados por el objetivo fueran lo de menos y lo verdaderamente importante fueran las fotos en sí? ¿La intención original era mostrárselas a algunos prisioneros iraquíes para asustarlos a fin de que cooperaran, en vez de sacarlas a la luz para asustar a todo el mundo?

Después de escuchar la entrevista a Lynndie England, desenterré las notas que tomé durante mi visita a Operaciones Psicológicas. La unidad me había dejado entrar en su cuartel general de Fort Bragg para mostrarme su colección de CDs en octubre de 2003, el mismo mes en que se tomaron las fotografías de Abu Ghraib. Leí por encima la cháchara sobre «necesidades no satisfechas» y «conductas deseadas» hasta que encontré mi conversación con el cerebrito amable vestido de paisano, el «analista cultural sénior» llamado Dave, especialista en Oriente Medio.

En aquel momento nuestro diálogo me pareció insustancial. Hablábamos de «productos» de Operaciones Psicológicas en general. Todo material creado por ellos recibe el nombre de «producto»: sus programas de radio, sus octavillas, etcétera.

Cuando releí mis notas, lo que él me había dicho cobró una dimensión totalmente distinta.

—Pensamos en cómo reaccionará un iraquí a nuestros productos, no en cómo reaccionará un norteamericano —dijo.

Me comentó que cuentan con comisiones de analistas y especialistas que estudian cada producto para determinar si ayudará a cumplir los objetivos de la política exterior estadounidense.

—Si recibe el visto bueno —agregó—, lo produciremos, aquí o en el frente [en Iraq].

A continuación, Dave se lamentó de que el público al que van destinados sus «productos» —soldados, civiles o prisioneros iraquíes— no siempre sean los clientes más entusiastas.

—No es como vender Coca-Cola —dijo—. A veces intentas venderle a alguien algo que sabes que en el fondo no quiere, lo que provoca ambigüedades y causa problemas. Además, ellos tienen que pensárselo. Es más como venderle a alguien ampollas de vitamina D. Tal vez no sea algo que quieran, pero lo necesitan para sobrevivir.

—Interesante —comenté.

—Provoca ambigüedades —dijo.

10

Un *think tank*

A principios de 2004, me llegó el rumor de que Jim Channon había empezado a reunirse en privado con el general Pete Schoomaker, nuevo jefe del estado mayor del ejército de Estados Unidos.

El presidente Bush había nombrado al general Schoomaker para el cargo el 4 de agosto de 2003. Su «mensaje de llegada», que en la jerga militar quiere decir discurso de aceptación, decía, entre otras cosas, lo siguiente:

> La guerra es tanto una realidad física como un estado de ánimo. La guerra es ambigua, incierta e injusta. Cuando estamos en guerra, debemos pensar y obrar de manera distinta. Debemos prepararnos para el mayor jarro de agua fría: el combate. Debemos ganar tanto la guerra como la paz. Debemos estar dispuestos a ponerlo todo en duda. Nuestros soldados son guerreros de carácter... Nuestro acimut para el futuro es el bien.

¿Acimut? Consulté la palabra en el diccionario. Significa «ángulo que forma con el meridiano el círculo vertical de un cuerpo celeste». La noticia de las reuniones del general Schoomaker con Jim Channon no me sorprendió demasiado. (De hecho, pistas lingüísticas aparte, la trayectoria profesional del general Schoomaker encajaba. Había sido comandante de las Fuerzas Especiales en Fort Bragg entre febrero de 1978 y agosto de 1981, y también en la segunda mitad de 1983, durante los períodos de mayor actividad de los guerreros Jedi y los miradores de cabras en aquel rincón de la base. Me resulta difícil creer que él no estuviera al corriente de sus iniciativas e incluso que no las autorizara.)

Según el rumor, el general Schoomaker se estaba planteando la posibilidad de sacar a Jim de su retiro para que crease o ayudase a crear un *think tank* o gabinete estratégico nuevo y secreto con el propósito de alentar a los militares a elevar su mente muy por encima del pensamiento convencional.

Jim había sido miembro, a principios de la década de 1980, de un grupo similar denominado Fuerza de Tareas Delta, que se componía de unos 300 soldados de alto rango que se reunían cuatro veces al año para realizar rituales y sesiones de tormenta de ideas en Fort Leavenworth, y en el ínterin se comunicaban entre sí a través de lo que llamaban la Meta Red, una precursora de Internet.

Fue un soldado de la Fuerza de Tareas Delta, el coronel Frank Burns, uno de los más antiguos amigos de Jim Channon, quien comenzó a desarrollar esta tecnología para el ejército estadounidense a finales de los setenta. En 1983, el coronel Burns publicó un poema en el que vaticinaba la influencia que su incipiente red de comunicaciones podría llegar a tener en el mundo.

Imaginad el surgimiento de una nueva metacultura.
Imaginad a toda clase de personas por doquier,
comprometiéndose con la excelencia humana,
comprometiéndose a salvar la distancia
entre la condición humana
y el potencial humano...
E imaginadnos a todos conectados
por medio de un sistema común de comunicación de alta
*   [tecnología.*
Esta visión hace saltar las lágrimas.
La excelencia humana es un ideal
que podemos imbuir
en toda estructura humana formal
de nuestro planeta.
Y ésa es la auténtica razón por la que lo haremos.
Y es también el motivo
de que la Meta Red sea una creación
que podemos amar.

A pesar de que el coronel Burns no supo prever que la gente utilizaría Internet principalmente para visitar páginas porno y buscarse a sí misma en el Google, su clarividencia era admirable. Es una creencia muy extendida que el coronel fue también, junto con Jim Channon, el creador del eslogan «Sé todo lo que puedes ser» y del *jingle* asociado que cambiaron casi por sí solos la suerte del ejército en los años ochenta. El coronel Burns atribuyó sus ideas a la lectura del *Manual de Operaciones del Primer Batallón de la Tierra*, de Jim.

En aquella época la gran crisis a la que se enfrentaban las fuerzas armadas era su escasez de efectivos. Así pues, ahora que el general Schoomaker, gran admirador de Jim Channon, estaba al mando del ejército de Estados Unidos, no era de extrañar que se reclutase de nuevo a esos hombres para que contribuyeran con sus ideas a atajar la nueva crisis, la guerra contra el terrorismo.

Jim envió un mensaje de correo electrónico para confirmar los rumores sobre el *think tank* del general Schoomaker. Explicó que la idea había germinado «porque Rumsfeld ha pedido abiertamente aportaciones creativas sobre la guerra contra el terrorismo... Hummm».

Jim añadió que prefería que no me pusiese en contacto con el general Schoomaker para pedirle declaraciones: «No soporto imaginar que puedas interrumpir el importante trabajo de ese hombre con una petición tan gratuita. ¡Contrólate! Esta enfermedad mediática está paralizando el mundo. Sé que te haces cargo.»

De todos modos, Jim ofrecía algo de información sobre su aportación a la política exterior de George W. Bush:

El ejército ha solicitado mis servicios para instruir a la flor y nata de los comandantes. El Primer Batallón de la Tierra es el modelo didáctico elegido. He impartido clases en presencia del general Pete Schoomaker... Estoy en contacto con oficiales que han estado recientemente en Afganistán e Iraq. He remitido planes para una retirada estratégica basados en los ideales del Batallón de la Tierra.

Todas las semanas hablo con un miembro de un batallón de control del estrés destinado en Iraq que lleva consigo el manual y lo usa para informar a sus compañeros de equipo del modo en que pueden contribuir. No hay que olvidar que la mitología de un batallón funciona como el folklore. Se transmite [a través de] relatos, no de misiones o de artefactos del mundo real.

Los resultados son omnipresentes, contagiosos, pero por definición no son fáciles de registrar.

Aunque Jim no mostraba interés hacia los «artefactos del mundo real» que habían sido concebidos de acuerdo con sus principios y estaban desperdigados por todo el escenario de la guerra contra el terrorismo, identificarlos casi se había convertido en una obsesión para mí.

En todos los rincones del Iraq de posguerra empezaron a aparecer pequeños rastros del Primer Batallón de la Tierra. Un ex espía militar con quien me entrevisté clasificaba a los admiradores actuales de Jim en dos categorías: los Ninjas Negros y los Ninjas Blancos. Con el tiempo, yo también acabé viéndolos así.

Los integrantes de la unidad de control del estrés en combate de la 785.ª compañía médica, con base en Tayi, unos treinta kilómetros al norte de Bagdad, eran ninjas blancos. Uno de sus soldados, Christian Hallman, me escribió lo siguiente en un mensaje de correo electrónico:

> Empleo muchas técnicas del PBT: meditación, yoga, *qigong*, relajación, visualización... Todas ellas son métodos del PBT para tratar el estrés de combate. Me encantaría que viniese usted a Iraq a entrevistarme, pero primero tengo que pedirle autorización a mi comandante. Ha leído algunos de los documentos del FBI que le he facilitado e incluso ha hablado con Jim por teléfono.

Al día siguiente, Christian volvió a escribirme por correo electrónico: «Mi comandante necesita hablar con el segundo comandante antes de tomar una decisión.»

Y luego, al tercer día:

Mi comandante me ha denegado el permiso. No quiere correr el riesgo de que se tergiverse lo que hacemos y se dañe nuestra reputación. A veces la política manda.

Paz en Oriente Medio,

CHRISTIAN

Unas pocas semanas después de recibir este mensaje me llegó una noticia que me pareció tan estrambótica, tan fuera de lugar, que no supe cómo interpretarla. Era a la vez banal y extraordinaria, y totalmente contradictoria con los hechos que la rodeaban. Fue algo que le sucedió a Jamal al-Harith, un hombre de Manchester, en un lugar llamado el Pabellón Marrón. Jamal tampoco sabe cómo interpretarlo, así que ha intentado olvidarlo, y sólo me lo mencionó de pasada cuando me reuní con él en el bar del hotel Malmaison, cerca de la estación Piccadilly de Manchester, la mañana del 7 de junio de 2004.

Jamal es diseñador de páginas web. Vive con sus hermanas en Moss Side. Cuenta treinta y siete años, está divorciado y tiene tres hijos. Me dijo que suponía que el MI5 lo había seguido hasta el hotel, pero que él ya había dejado de preocuparse por eso. Según él, veía constantemente al mismo hombre que lo observaba desde el otro lado de la calle, apoyado en un coche, y que cada vez que se sentía descubierto parecía entrar en pánico por unos instantes antes de agacharse para simular que revisaba el neumático.

Jamal se rio mientras me contaba esto.

Nació con el nombre de Ronald Fiddler en el seno de una familia de inmigrantes jamaicanos de segunda generación. A los veintitrés años aprendió la doctrina musulmana, se convirtió al islam y se cambió el nombre a Jamal al-Harith por ninguna razón en especial salvo que le gustaba cómo sonaba. Dice que al-Harith significa aproximadamente «sembrador de semillas».

En octubre de 2001, Jamal visitó Pakistán como turista, asegura. Al cuarto día de su viaje, estaba en Queta, en la frontera con Afganistán, cuando comenzó la campaña de bombardeos estadounidenses. Rápidamente decidió marcharse a Turquía, y le pidió a un camionero paquistaní que lo llevara hasta allí. El conductor le dijo que tendrían que pasar por Irán, pero por alguna razón fueron a parar a Afganistán, donde los interceptó un grupo de partidarios de los talibanes. Le pidieron a Jamal su pasaporte, y acto seguido lo detuvieron y lo encerraron en una celda como sospechoso de ser espía británico.

Afganistán cayó en manos de la Coalición. Miembros de la Cruz Roja visitaron a Jamal en la cárcel. Le aconsejaron que cruzara la frontera con Pakistán y que buscara la manera de volver desde ahí hasta Manchester, pero como Jamal no tenía dinero, pidió que lo pusieran en contacto con la embajada británica en Kabul.

Nueve días después, mientras él aguardaba en Kandahar a que la embajada se encargase de su transporte de vuelta a casa, fueron los norteamericanos quienes pasaron a buscarlo.

—Los norteamericanos me secuestraron —afirmó Jamal. Al pronunciar la palabra «secuestraron» pareció sorprendido consigo mismo por haber empleado un término tan fuerte.

Los estadounidenses que estaban en Kandahar le comunicaron que tenían que enviarlo a Cuba durante dos meses por causas administrativas y demás, y antes de que se diera cuenta le pusieron grilletes en brazos y piernas, le taparon la cabeza con orejeras, gafas de esquí y una mascarilla sanitaria, y lo encadenaron al suelo de un avión con destino a la bahía de Guantánamo.

Durante las semanas siguientes a su puesta en libertad, dos años después, Jamal concedió algunas entrevistas, en las que habló de los grilletes, el aislamiento y las palizas; todo aquello que el mundo exterior ya se imaginaba respecto a la vida en aquel misterioso campo de internamiento. Declaró que le habían golpeado los pies con palos, que lo habían rociado con aerosol de defensa personal y lo habían encerrado en una jaula a la intemperie, sin privacidad y sin nada que lo protegiera de las ratas, las serpientes y los escorpiones que pululaban por la base. Pero estas revelaciones no causaron revuelo.

Lo entrevistó Martin Bashir, de Independent Television, quien le preguntó (fuera de cámara):

—¿Ha visto usted mi documental sobre Michael Jackson?

—Yo... he pasado dos años en Guantánamo —respondió Jamal.

Cuando conocí a Jamal me refirió los abusos más terribles. Llevaban a prostitutas desde Estados Unidos en avión; él no sabía si con el único fin de mancharles la cara a los prisioneros más religiosos con sangre menstrual, o también para prestar servicios a los soldados. Tal vez a algún cerebrito de Operaciones Psicológicas —un analista cultural residente— se le había ocurrido ofrecerles ese trabajo extra para explotar los recursos de que disponía el ejército.

—Un par de tipos británicos —me contó Jamal— les dijeron a los guardias: «¿Podéis dejarnos las mujeres a nosotros?» Pero los guardias contestaron: «No, no, no. Las prostitutas sólo son para los prisioneros que en realidad no las quieren.» ¡Es que incluso nos lo explicaron! «Si lo queréis no lo vais a tener.»

—Bueno, ¿y qué les hacían las prostitutas a los prisioneros? —pregunté.

—Simplemente jugueteaban con sus genitales —respondió Jamal—. Se desnudaban frente a ellos. Les restregaban los pechos contra la cara. No todos los prisioneros hablaban. Volvían del Pabellón Marrón [las salas de interrogatorios] y se quedaban callados durante días, llorando, de modo que uno se daba cuenta de que algo estaba pasando pero no había forma de saber qué. Pero los que sí hablaban nos contaban esas cosas.

Le pregunté a Jamal si creía que los estadounidenses estaban metiendo las puntas de los pies en aguas exóticas en lo relativo a las técnicas de interrogación.

—Estaban metiendo mucho más que las puntas de los pies —repuso. Y fue entonces cuando me relató lo que le ocurrió dentro del Pabellón Marrón.

Según Jamal, como nunca antes lo habían torturado, no sabía si los métodos empleados con él eran exclusivos de Guantánamo o tan antiguos como la práctica misma de la tortura, pero le parecieron bastante raros. Al oír su descripción de la vida dentro del Pabellón Marrón me dio la impresión de que Guantánamo, más que un centro de detención, era un laboratorio de interrogación experimental, un hervidero no sólo de agentes de inteligencia, sino también de ideas. Era como si, por primera vez en la vida profesional de los soldados, contaran con prisioneros como si se tratara de material a su disposición, y no hubiesen resistido la tentación de llevar a la práctica todos sus conceptos, que hasta ese momento habían permanecido relegados, a veces durante décadas, al terreno teórico.

Lo primero fueron los ruidos.

—Yo los describiría como ruidos industriales —precisó Jamal—. Chirridos y estampidos. Sonaban en todas las salas de interrogatorios del Pabellón Marrón. Era algo indescriptible. Chirridos, estampidos, gas comprimido. Toda clase de cosas. Un revoltijo de ruidos.

—¿Como un fax cuando se pone en marcha? —pregunté.

—No —respondió Jamal—. No era algo generado por ordenador. Eran sonidos industriales, extraños. Y a veces los entremezclaban con notas de una especie de piano electrónico. No era música propiamente, pues no tenía ritmo.

—¿Era algo así como un sintetizador?

—Sí, un sintetizador mezclado con ruidos industriales. Era un revoltijo de sonidos muy estrepitoso.

—¿Alguna vez les preguntó usted por qué les ponían esos ruidos tan raros? —quise saber.

—En Cuba uno aprende a resignarse —dijo Jamal.

Los ruidos industriales sonaban a todo volumen por todo el pabellón. Pero una cosa de lo más extraña sucedió en la sala de interrogatorios en que se encontraba Jamal. La habitación estaba equipada con una cámara conectada a un circuito cerrado de televisión y un espejo unidireccional. Allí sometían a Jamal a sesiones de quince horas en las que no conseguían arrancarle confesión alguna porque, según él, no había nada que confesar. Me aseguró que, como no tenía antecedentes penales —ni siquiera le habían puesto una multa de tráfico—, en cierto momento alguien se le acercó y le preguntó: «¿Eres un elemento del MI5?»

—¡Un elemento del MI5! —exclamó Jamal, y soltó un silbido—. ¡Un elemento! —repitió—. Ésa es la palabra que empleó.

Los interrogadores se impacientaban cada vez más

con la determinación aparentemente férrea de Jamal de no venirse abajo. Además, él aprovechaba su tiempo en el Pabellón Marrón para realizar estiramientos, lo que lo ayudaba a mantener la cordura. La práctica regular de ejercicio por parte de Jamal enfureció aún más a los interrogadores, pero en lugar de golpearlo o amenazarlo, hicieron algo de lo más curioso.

Un oficial de la inteligencia militar llevó un radiocasete portátil a la habitación de Jamal y lo depositó en el suelo, en un rincón.

—El disco es de una banda muy buena de chicas que tocan temas de Fleetwood Mac —le dijo. No puso el aparato al máximo de potencia. No se trataba de una técnica de privación de sueño, ni de un intento de inducirle el efecto Bucha. El agente simplemente comenzó a reproducir la música a volumen normal.

—La puso y se fue —dijo Jamal.

—¿Un grupo de chicas que hacen versiones de Fleetwood Mac? —pregunté.

—Sí —asintió.

Esto me pareció la punta de un iceberg muy extraño.

—¿Y luego qué pasó? —pregunté.

—Cuando el CD se acabó, él regresó a la habitación y dijo: «Tal vez te guste esto.» Me puso los grandes éxitos de Kris Kristofferson, a volumen normal. Y luego, cuando se acabó, él volvió y dijo: «Te traigo un disco de Matchbox Twenty.»

—¿Su objetivo era entretenerle? —inquirí.

—Era un interrogatorio —contestó Jamal—. No creo que pretendieran entretenerme.

—¿Matchbox Twenty? —dije.

No sé gran cosa sobre Matchbox Twenty. Mis investigaciones revelan que se trata de un grupo de country rock de Florida que consta de cuatro miembros y no tiene un sonido especialmente abrasivo (como el de Metallica y el «arde, hijo de puta, arde») ni irritantemente repetitivo (como el de Barney y el «¡Ya, Ya, Das Is a Mountain!»). Me recuerdan un poco a REM. La única otra ocasión en que oí hablar de Matchbox Twenty fue cuando Adam Piore de *Newsweek* me dijo que la música de dicho grupo también sonaba a toda potencia en los contenedores de al-Qāim.

Le mencioné este detalle a Jamal, que se mostró atónito.

—¿Matchbox Twenty? —preguntó.

—Su álbum *More Than You Think You Are* —concreté.

Hubo un silencio.

—Creía que sólo estaban poniéndome música —dijo Jamal—. Que sólo me ponían música para ver si me gustaba o no. Después de lo que ha dicho usted, empiezo a pensar que se traían alguna otra cosa entre manos. Me pregunto por qué me pusieron el mismo CD. Ponen el mismo CD en Iraq que en Cuba. Eso significa que tienen un programa. No ponen esa música porque crean que a la gente Matchbox Twenty les gusta o disgusta más que otros grupos. Hay una razón. Hay algo más. Obviamente no sé de qué se trata, pero deben de albergar otras intenciones.

—Seguramente —coincidí.

Jamal hizo una breve pausa antes de añadir:

—Usted no sabe hasta dónde llega la madriguera, ¿verdad? Pero sabe que es profunda. Sabe que es muy profunda.

11

Un hotel embrujado

En otoño de 2003, Joseph Curtis (no es su verdadero nombre) había trabajado en el turno de noche en la cárcel de Abu Ghraib. Después, el ejército lo había exiliado a una ciudad de Alemania. La amenaza de un consejo de guerra se cernía sobre él. En una entrevista concedida a una agencia de prensa internacional había hablado sobre lo que había visto, con lo que había incurrido en la ira de sus superiores. Aun así, pese a que sus abogados se lo desaconsejaron y aunque a él mismo le parecía un error, accedió a encontrarse conmigo en secreto, un miércoles de junio de 2004, en un restaurante italiano. No estoy muy seguro de por qué él estaba dispuesto a correr el riesgo de sufrir más represalias. Tal vez no se sentía capaz de quedarse con los brazos cruzados mientras a Lynndie England y a los demás agentes de la policía militar que aparecían en las fotos les cargaban el muerto sólo por obedecer órdenes.

Estábamos sentados en la terraza del restaurante y él jugueteaba con la comida en su plato, sin llevársela a la boca.

—¿Ha visto usted *El resplandor*? —preguntó.

—Sí —dije.

—Abu Ghraib era como el hotel Overlook —aseguró—. Estaba embrujado.

—Se refiere a que...

Supuse que Joseph quería decir que el sitio estaba infestado de *spooks* (fantasmas), que es como se conoce a los agentes de inteligencia, pero al ver la expresión en su rostro comprendí que me equivocaba.

—Estaba embrujado de verdad —aseveró—. Por las noches aquello estaba muy oscuro. Como boca de lobo. En la época de Sadam, allí disolvían a la gente en ácido. Usaban perros para violar a mujeres. Había sesos desparramados por las paredes. Era peor que el hotel Overlook porque era real.

—En *El resplandor*, el edificio era lo que volvía loco a Jack Nicholson —señalé—. ¿Fue el edificio lo que volvió locos a los norteamericanos en Abu Ghraib?

—Era como si el edificio quisiera volver a las andadas —dijo Joseph.

Llevaba una camiseta de la sección de atletismo de la Universidad de Luisiana, y el pelo cortado al estilo marine: rapado a los lados, muy corto por arriba. Dijo que no podía creerse las sumas de dinero que manejaba el ejército por aquel entonces. Era una edad de oro, desde el punto de vista del presupuesto. Un día había llevado su camioneta al taller de reparaciones, y el soldado que le echó un vistazo comentó: «Necesitas asientos nuevos.»

Joseph replicó que a él no le parecía que hiciera falta cambiar los asientos.

El soldado contestó que contaban con un presupuesto de doscientos mil dólares y que si no lo gastaban antes de final de mes tendrían que devolverlo.

—Así que necesitas asientos nuevos —repitió despacio el soldado.

Según Joseph, la cantidad de pantallas de plasma que había en Iraq, para videoconferencias y cosas por el estilo, era asombrosa. Tenían televisores en perfecto estado, pero un día llegaron camiones cargados con pantallas de plasma, pues había dinero a espuertas.

En enero de 2004, GlobalSecurity, el influyente gabinete estratégico y grupo de presión, reveló que el gobierno de George W. Bush había asignado más fondos a su partida secreta que cualquier otra administración en la historia de Estados Unidos.

Resulta tentador considerar que la suma de dinero que una administración destina a la partida secreta es un barómetro de su propensión a hacer cosas raras. Por lo general estos fondos sólo se utilizan para financiar «operaciones negras», proyectos muy peliagudos y turbios como la creación de escuadrones de la muerte, que se mantienen en secreto no sólo para proteger a quienes los llevan a cabo, sino también a la opinión pública estadounidense, que normalmente no quiere pensar en esas cosas. Sin embargo, de las partidas secretas sale también el dinero para investigaciones tan estrambóticas que si salieran a la luz los contribuyentes podrían llegar a pensar que sus dirigentes han perdido el juicio. Para enero de 2004, la administración Bush había inyectado cerca de treinta mil millones de dólares a los fondos secretos, con el fin de gastarlos Dios sabe en qué.

Debido al ruido de las obras nocturnas en la carretera tuve que aguzar el oído para entender las palabras de Joseph sobre la oscuridad en Abu Ghraib, sobre cómo esa oscuridad llevaba a «la bestia en el interior del hombre a salir a la superficie» y sobre el presupuesto cuantioso e inagotable.

—Abu Ghraib era una atracción turística —dijo—. Recuerdo que una vez me despertaron dos capitanes. «¿Dónde está la cámara de la muerte?» Querían ver la soga y la palanca. Cuando Rumsfeld fue de visita, no quería hablar con los soldados. Lo único que quería era ver la cámara de la muerte. —Joseph tomó un bocado de su comida—. Sí, la bestia en el interior del hombre salía a la superficie en Abu Ghraib —murmuró.

—¿Se refiere a lo que se ve en las fotografías? —pregunté.

—Me refiero a todo —respondió—. Los militares de alto rango jodían con los de grados inferiores.

Le confesé a Joseph que no entendía lo que me decía.

—Los militares de alto rango se acostaban con los de grados inferiores. Los prisioneros se violaban unos a otros.

—¿Alguna vez vio usted algún fantasma? —inquirí.

Él dejó de comer y volvió a juguetear con la comida en el plato.

—La oscuridad lo invadía todo —dijo—. Uno tenía la sensación de que siempre había algo allí, merodeando en las tinieblas, y que ese algo estaba muy enfadado.

Le pregunté a Joseph si había algo bueno en Abu Ghraib y, después de meditarlo por unos instantes, respondió que era bueno que llegasen los paquetes que encargaban a *amazon.com*. Entonces se acordó de otra cosa buena. Dijo que allí había un tipo que era un genio de las maquetas de aviones. Las hacía con cajas viejas de víveres y las colgaba del techo del pabellón de aislamiento. En cierta ocasión, según me contó Joseph, alguien se le acercó y le dijo: «¡Tienes que ver esas maquetas de aviones! ¡Son increíbles! Uno de los guardias del pabellón de aislamiento tiene un montón de ellas colgadas del techo. ¡Y ya que vas, échales un vistazo a los perlas!»

«Perlas» era como el ejército de Estados Unidos llamaba a los sospechosos de terrorismo, los violadores o los pedófilos, aunque la situación en el Iraq de posguerra era tan caótica que muchos de los «perlas» podían ser simples transeúntes detenidos en puestos de control porque a los soldados no les gustaba su aspecto.

Joseph era el encargado de la red informática superprotegida de Abu Ghraib. Él había montado el sistema y había asignado los nombres de usuario y las contraseñas. Nunca tenía que ir al pabellón de aislamiento por cuestiones de trabajo, aunque estaba al final del pasillo, así que aceptó la sugerencia. Se levantó de detrás de su escritorio y se dirigió hacia las maquetas de aviones y los «perlas».

Pocas semanas antes de que me entrevistase con Joseph, Seymour Hersh desveló en la revista *New Yorker* que el 9 de abril de 2004 el especialista Matthew Wisdom declaró en una audiencia con base en el artículo 32 (el equivalente militar a un gran jurado): «Vi a dos prisioneros desnudos [en el pabellón de aislamiento de Abu Ghraib]; uno estaba masturbando al otro, arrodillado, con la boca abierta. Sentí el impulso de salir de allí cuanto antes. No me pareció correcto... Vi al sargento primero [Ivan] Frederick caminar hacia mí. Me dijo: «Fíjese en lo que hacen estos animales cuando los dejamos solos durante dos segundos.» Oí a la soldado de primera clase [Lynndie] England gritar: «Se le está poniendo dura.»

Todas las fotografías (como la de Lynndie arrastrando

a un hombre por el suelo con una correa) fueron tomadas en el pabellón de aislamiento.

Joseph dobló una esquina y entró en el pabellón de aislamiento.

—Allí había dos policías militares —me dijo—. Gritaban sin parar. «¡CIERRA LA PUTA BOCA!», le bramaban a un pobre viejo a quien obligaban a repetir un número una y otra vez: «156403. 156403. 156403.» El tipo ni siquiera sabía inglés. No pronunciaba bien los números. «¡NO TE OIGO, JODER!» «156403. 156403.» «MÁS ALTO. ¡MÁS ALTO, COÑO!» Entonces me vieron. «¡Eh, Joseph! ¿Qué te cuentas? ¡QUE NO TE OIGO, JODER! ¡MÁS ALTO!» «156403. 156403.»

Según Joseph, aquellos policías militares habían pasado poco más o menos de trabajar en McDonald's a vigilar Abu Ghraib. No sabían nada, y ahora los estaban utilizando como cabezas de turco porque casualmente se les podía identificar en las fotografías. Sólo habían hecho lo que la gente de la inteligencia militar, la gente de Joseph, les ordenaba. Operaciones Psicológicas estaba a sólo una llamada de distancia, afirmó él. Además, la gente de la inteligencia militar había recibido formación en Operaciones Psicológicas de todos modos. Lo que no había que olvidar sobre el servicio de inteligencia militar era que estaba integrado por «tipos que habían sido empollones en el colegio. Ya me entiende, los marginados. Cuando combinamos eso con el ego y con un cartel en la pared que dice: «Autorizado por el comandante en jefe», de pronto tenemos a unos tipos que se creen que dominan el mundo. Eso es lo que me dijo uno de ellos: «Nosotros dominamos el mundo.»

—¿Había muchos agentes de inteligencia en Abu Ghraib? —le pregunté a Joseph.

—Por allí se dejaba caer gente del servicio de inteligencia que yo ni siquiera sabía que existía —respondió—. Había una unidad de Utah, formada sólo por mormones. Aquello era todo un batiburrillo de agentes de inteligencia, y todos tenían que acudir a mí para que les diera sus nombres y contraseñas de usuario. Los había de toda clase de unidades, también civiles y traductores. Se presentaron dos británicos, algo mayores y uniformados, a los que se les proporcionaron comodidades especiales. Tenían ordenadores portátiles y una mesa.

Un ayudante de Condoleezza Rice, a la sazón asesora de Seguridad Nacional de la Casa Blanca, también visitó la cárcel con el fin de reprender a los interrogadores por no obtener información suficiente de los prisioneros.

—Después llegó todo un pelotón de gente procedente de Guantánamo —rememoró Joseph—. Se había corrido la voz. «Oh, Dios mío, los tipos de Guantánamo están aquí.» Y ¡pum! Ahí estaban. Se adueñaron del lugar.

Tal vez la bahía de Guantánamo era el Laboratorio Experimental Modelo 1, y todas las técnicas esotéricas que daban resultado ahí se exportaban a Abu Ghraib. Le pregunté a Joseph si sabía algo de la música. Dijo que sí, por supuesto, que bombardeaban continuamente a los prisioneros con música a todo volumen.

—¿Y también les ponían música más tranquila? —inquirí, y le conté el relato de Jamal sobre el radiocasete portátil, sobre el grupo de chicas que tocaban versiones de Fleetwood Mac y sobre Matchbox Twenty.

Joseph se rio y sacudió la cabeza, maravillado.

—Seguramente intentaban hacerle perder la cabeza —dijo.

—¿Quiere decir que hacían eso precisamente porque parecía tan extraño? —pregunté—. ¿La incongruencia era lo que buscaban?

—Sí —contestó.

—Pero eso no tiene sentido —repuse—. Supongo que tal vez funcionaría con un musulmán muy devoto de un país árabe, pero Jamal es británico. Se crió en Manchester. Lo sabe todo sobre radiocasetes, Fleetwood Mac y la música country.

—Hummm —dijo Joseph.

—¿Cree que...?

Joseph completó mi frase:

—¿... se trata de mensajes subliminales?

—O algo así —asentí—. Algo subyacente a la música.

—¿Sabe qué? —dijo Joseph—. En un nivel superficial, eso parecería absurdo. Pero Guantánamo y Abu Ghraib son todo menos superficiales.

12

Las frecuencias

Pensé que tal vez una forma de solucionar el misterio era seguir las pistas de las patentes, seguirlas como un rastreador sigue huellas en la nieve y luego, como en una película de terror, las ve desaparecer. ¿Existía en algún lugar un rastro de patentes de dispositivos de sonidos subliminales o de frecuencias que habían desaparecido junto con otros documentos clasificados del gobierno de Estados Unidos?

Sí, existía. Y el inventor de dichos dispositivos era un personaje misterioso y algo escurridizo, el doctor Oliver Lowery.

El 27 de octubre de 1992, el doctor Oliver Lowery de Georgia, Estados Unidos, obtuvo la patente n.° 5.159.703. Su invento era algo llamado «Sistema de presentaciones silenciosas y subliminales»:

Sistema de comunicaciones silencioso en el que ondas portadoras no auditivas situadas en los extremos alto y bajo de la gama de frecuencias audibles o en el espectro adyacente de frecuencias ultrasónicas se modulan en amplitud o frecuencia para transmitir la información deseada al cerebro, de forma acústica o vibracional, principalmente por medio del uso de altavoces, auriculares o transductores piezoeléctricos. Las portadoras moduladas pueden emitirse directamente en tiempo real o grabarse cómodamente y almacenarse en medios mecánicos, magnéticos u ópticos para una emisión diferida o repetida.

El material publicitario que acompañaba esta patente lo explicaba en un lenguaje más sencillo. El doctor Lowery había inventado un sistema para grabar sonidos subliminales en un CD a fin de «inducir y modificar silenciosamente estados emocionales de los seres humanos».
Según él, su invento podía inducir los siguientes estados emocionales:

Sentimientos positivos:
ADORACIÓN, AMISTAD, AMOR, AMOR PROPIO, DEBER, ESPERANZA, FE, INOCENCIA, JÚBILO, ORGULLO, RESPETO y SATISFACCIÓN.
Sentimientos negativos:
AFLICCIÓN, ANGUSTIA, ANSIEDAD, ARREPENTIMIENTO, CELOS, CULPABILIDAD, DESESPERACIÓN, DESPRECIO, ENVIDIA, FRUSTRACIÓN, HUMILLACIÓN, INDIFERENCIA, INDIGNACIÓN, IRA, MIEDO, ODIO, PAVOR, PENA, RABIA, REMORDIMIENTOS, RENCOR, RESENTIMIENTO, TERROR, TRISTEZA, VANIDAD y VERGÜENZA.

Doce sentimientos positivos, veintiséis negativos.
Cuatro años después, el 13 de diciembre de 1996, la empresa del doctor Lowery, Silent Sounds Inc., publicó el

siguiente mensaje en su página web: «Todos los esquemas han sido clasificados por el Gobierno de EE.UU., por lo que no estamos autorizados para revelar los detalles precisos... Elaboramos cintas y CDs para el Gobierno alemán, ¡incluso para países de la ex Unión Soviética! Siempre con el permiso del Departamento de Estado de EE.UU., naturalmente... El sistema se aplicó durante la operación Tormenta del Desierto con un éxito considerable.»

A lo largo de semanas marqué una y otra vez el número de Oliver Lowery que había encontrado (el prefijo era de Georgia, seguramente de las afueras de Atlanta), pero nadie cogía el teléfono.

Hasta que un día alguien lo cogió.

—¿Diga? —respondió la voz.

—¿Doctor Lowery? —pregunté.

—Le agradecería que no me llamase así —dijo.

—¿Cómo puedo llamarle? —quise saber.

—Llámeme Bud —dijo. Casi pude oírlo sonreír al otro lado de la línea—. Llámeme Hamish McLaren —añadió a continuación.

Le expliqué a Hamish/Bud/Oliver Lowery lo que estaba haciendo, y a cambio, él, fuera quien fuese, me habló un poco de su vida. Me dijo que tenía setenta y siete años, que era veterano de la segunda guerra mundial, que había trabajado para Hughes como ingeniero aeroespacial y que había sido sometido a numerosas operaciones, baipases, etcétera.

—Usted es el primer periodista en cuatro años que nos localiza.

—¿Que «les» localiza? —dije.

—¿Cree que ha llamado a Georgia? —preguntó.

—¿Cómo dice?

Se rio.

—He marcado un prefijo de Georgia —señalé.

Me pareció oír voces de fondo, un barullo considerable, como si Oliver/Bud/Hamish estuviera hablando en medio de una oficina llena de gente.

—No puede publicar lo que estoy a punto de revelarle —me avisó—, porque no tendrá modo alguno de demostrar que mantuvimos esta conversación.

—¿O sea que la persona con quien hablo no está en Georgia? —dije.

—La persona con quien habla está en un laboratorio donde hay personas con doctorado procedentes de dieciséis países, entre ellos el Reino Unido, y el laboratorio es un edificio de catorce plantas cercado por tres alambradas que no está en Georgia ni mucho menos.

Hubo una larga pausa.

—¿O sea que utiliza un desvío de llamadas? —inquirí con un hilillo de voz.

Yo no tenía la menor idea de si lo que me decía era cierto. Tal vez el hombre tuviese una fantasía desbordante, o tal vez estaba jugando conmigo sólo por diversión, pero, como ya he mencionado, se oían muchas voces de fondo. (A lo mejor eran sólo una ilusión inducida telepáticamente.)

El hombre aseguró que el ejército de Estados Unidos lleva veinticinco años investigando la tecnología de los sonidos silenciosos. Equiparó esa investigación «a gran escala» con el Proyecto Manhattan.

Comentó que había sonidos silenciosos buenos («los niños que estuvieron expuestos a sonidos buenos en el útero resultan ser sorprendentemente inteligentes») y sonidos silenciosos malos.

—Sólo podemos usar las cosas malas contra los malos —aseveró, y agregó que los estadounidenses utilizaban sonidos subliminales malos contra los soldados iraquíes desde la primera guerra del Golfo («les machacamos el cerebro durante cien días»), pero que en los años siguientes les ha resultado muy difícil desterrar de su mente los miedos inculcados subliminalmente.

—Cuesta un montón erradicar las cosas negativas —dijo con una risita.

Me contó que la productora británica de informativos ITN había hecho un reportaje sobre el uso de sonidos silenciosos durante la primera guerra del Golfo.

(Más tarde un representante de ITN negó tajantemente que su empresa hubiese filmado dicho reportaje. En la base de datos de su archivo, no encontré nada remotamente parecido.)

—Se pueden transmitir sonidos silenciosos a la cabeza de la gente a través de una ventana, del mismo modo que se puede disparar un rayo láser para escuchar una conversación secreta. Por otro lado, los sonidos pueden transmitirse a través de los medios más toscos: un teléfono satelital, una grabadora cutre y vieja o un radiocasete.

Según me dijo, Scotland Yard emplea esta tecnología, pero no quiso especificar cómo. Me aseguró que los rusos también la usan. Y eso fue todo. Dio la conversación por terminada. Me deseó lo mejor y colgó, y yo me quedé aturdido y totalmente inseguro respecto a todo lo que acababa de oír.

Al parecer, ese hombre había confirmado una de las teorías de la conspiración más duraderas e inverosímiles del mundo. Para mí, la idea de que el gobierno le llenara subrepticiamente la cabeza a la gente de sonidos subliminales y alterase los estados de ánimo a distancia era tan creíble como que ocultasen ovnis en hangares militares y fuesen capaces de transformarse en lagartos de tres metros y medio. Esta teoría de la conspiración ha pervivido porque contiene todos los ingredientes esenciales: la mano oculta de un gobierno poderoso conchabado con científicos maquiavélicos con el fin de apoderarse de nuestra mente como ladrones de cuerpos.

El caso es que, en este contexto, la experiencia de Jamal con el radiocasete y el grupo de chicas que hacían versiones de Fleetwood Mac en el Pabellón Marrón de pronto cobraba sentido.

Jamal parecía estar bien cuando me reuní con él en Manchester. Le pregunté si notaba alguna sensación extraña tras haber escuchado a Matchbox Twenty y me respondió que no, pero no hay que concederle a esto más importancia de la que tiene. Dados los antecedentes (intentos de matar a las cabras con la mirada, de atravesar paredes y demás), hay muchas probabilidades de que acribillasen a Jamal con sonidos silenciosos que no produjeron ningún efecto.

Había una pista que podía seguir. El doctor Oliver Lowery (o como se llame), al hablar conmigo, había nombrado a un tal doctor Igor Smirnov, que también había realizado investigaciones en el campo de los sonidos silenciosos para el gobierno de Estados Unidos. Busqué al doctor Smirnov y di con él en Moscú. Le escribí a su oficina, y su ayudante (el doctor Smirnov apenas habla inglés) me refirió una historia muy curiosa.

Una historia que el FBI nunca ha desmentido.

A Igor Smirnov no le iban demasiado bien las cosas en el Moscú de 1993, una vez terminada la guerra fría. Su situación económica era tan lastimosa que cuando la mafia rusa llamó al timbre de su laboratorio, marcado, de forma algo siniestra, con el letrero «Instituto de Psicocorrección», y le comunicó a Igor que le pagaría generosamente si presionaba subliminalmente a unos empresarios reticentes para que firmasen ciertos contratos, él estuvo a punto de aceptar su oferta. Sin embargo, le pareció tan aterrador y poco ético que al final rehusó cooperar con los gánsteres. Sus clientes habituales —esquizofrénicos y drogadictos— tal vez no le pagaran mucho, pero al menos no eran mafiosos.

Un día típico de Igor en el trabajo a principios de los años noventa transcurría más o menos así: un adicto a la heroína se presentaba en su laboratorio desesperado porque iba a ser padre pero, por más que se esforzaba, le importaba más la heroína que el hijo que aún no había nacido. A continuación, se tendía en una camilla e Igor lo bombardeaba con mensajes subliminales. Los proyectaba por una fracción de segundo en una pantalla colocada frente a los ojos del adicto y los reproducía por medio de auriculares, disimulados en ruido blanco. Eran mensajes como: «Sé un buen padre. La paternidad es más importante que la heroína.»

En otro tiempo, aquel hombre había recibido un trato preferencial por parte del gobierno soviético, que, diez años antes, le había pedido que transmitiese mensajes silenciosos a soldados del Ejército Rojo destinados a Afganistán. Los mensajes decían: «No os emborrachéis antes de la batalla.»

Sin embargo, los días gloriosos ya habían quedado muy atrás en marzo de 1993, el mes en que Igor Smirnov recibió una llamada telefónica totalmente inesperada del FBI. Le preguntaron si podía tomar un vuelo a Arlington, Virginia, cuanto antes. Igor Smirnov, intrigado y asombrado, tomó ese vuelo.

La comunidad de inteligencia estadounidense llevaba años espiando a Igor Smirnov. Al parecer había logrado desarrollar un sistema para influir en las personas a distancia, hacer que oyeran voces en su cabeza, alterar su visión de la vida, tal vez incluso sin que dichas personas se enterasen de lo que les estaba pasando. Se trataba de una versión tangible, realista, mecanicista de los grupos de oración del general Wickham o de la práctica de Guy Savelli de mirar fijamente a las cabras. Era un sistema como el que el compositor de música ambiental Steven Halpern le había sugerido a Jim Channon a finales de la década de 1970. La pregunta era: ¿podría Igor hacérselo a David Koresh?

¿Podría conseguir que David Koresh oyera la voz de Dios dentro de su cabeza?

La Rama Davidiana, un grupo escindido de los Adventistas del Séptimo Día, llevaban viviendo en Waco y alrededores, prediciendo un inminente día del Juicio Final, desde 1935. Vernon Howell tomó las riendas de dicha iglesia a finales de los años ochenta y se erigió en una figura mesiánica, el ungido, el séptimo y último mensajero que profetizaba el Apocalipsis; se cambió el nombre a David Koresh y comenzó a vender armas ilegalmente para financiar el estilo de vida autosuficiente de su secta. Entonces la gente de la Oficina Federal de Alcohol, Tabaco y Armas de Fuego (BATF) comenzó a interesarse en él. Supusieron que un asalto sonado a la iglesia subiría la moral de los agentes federales y potenciaría las relaciones públicas de la agencia. Así pues, filtraron el dato a los medios de comunicación locales, declararon que los miembros de la Rama Davidiana eran teológicamente incomprensibles, que estaban chalados y armados hasta los dientes (y lo estaban, aunque más bien del mismo modo en que lo están las armerías). Anunciaron que iban a irrumpir en la iglesia.

Lo que la BATF no supo prever fue que Koresh contaba con que se produciría un enfrentamiento así y lo estaba deseando. Era su destino que lo atacase un ejército hostil que representaba a un gobierno como el de Babilonia, fuera de control, siniestro, autoritario y dispuesto a imponer un nuevo orden mundial.

El 28 de febrero de 1993, cerca de cien agentes de la BATF tomaron la iglesia por asalto, pero la redada degeneró en un tiroteo en el que murieron cuatro agentes, y el tiroteo dio paso a un asedio.

Visto en retrospectiva, todo el asunto resulta muy familiar. En Waco, al igual que en Abu Ghraib, el gobierno de Estados Unidos se comportó como una caricatura grotesca de sí mismo. La derecha estadounidense, contraria a la idea de un gobierno de poder ilimitado, alimentaba la fantasía paranoica de que la administración Clinton estaba arruinando de forma implacable las vidas de la gente sencilla que deseaba vivir libre, y Waco fue el sitio donde esas teorías de la conspiración se hicieron realidad. A gran parte de la población iraquí le habían inculcado teorías igual de disparatadas sobre el hedonismo imperialista norteamericano (Estados Unidos era una potencia descontrolada y violenta decidida a imponer su corrupción y su decadencia entre los fieles), y Abu Ghraib fue el sitio donde esas teorías de la conspiración se hicieron realidad.

Pero hay un paralelismo aún más inquietante. Por lo visto, los miembros de la Rama Davidiana de David Koresh fueron utilizados también como conejillos de Indias, y hubo quien aprovechó la oportunidad para experimentar con ellos.

En 1993, el problema de los defensores del pensamiento no convencional en el seno del gobierno de Estados Unidos y del estamento militar era que no había por ahí nadie lo bastante malo como para poner a prueba sus ideas con él. De hecho, la perspectiva era tan esperanzadora que un científico social del Departamento de Estado llamado Francis Fukuyama proclamó en 1989 que se había llegado al final de la historia, afirmación que fue muy elogiada. El capitalismo democrático occidental, según Fukuyama, había demostrado su superioridad absoluta sobre sus rivales históricos, hasta tal punto que el mundo entero lo estaba abrazando. No se divisaba ni un solo nubarrón en el horizonte. Aunque ésta resultó ser una de las peores predicciones de la historia, en 1993 parecía muy real. Aquéllos fueron unos años de sequía para quienes deseaban hacer experimentos sobre adversarios adecuados.

Y entonces llegó el asedio de Waco.

Lo primero fueron los ruidos. En pleno asedio, a mediados de marzo de 1993, se empezó a bombardear la iglesia con sonidos a todo volumen de cánticos de budistas tibetanos, gaitas estridentes, chillidos de gaviotas, aspas de helicóptero, tornos de dentista, sirenas, conejos agonizantes, un tren y la canción *These Boots Are Made for Walking* de Nancy Sinatra. En este caso el responsable del «bombardeo» fue el FBI. Dentro de la iglesia había setenta y nueve seguidores de David Koresh, entre ellos veinticinco niños (veintisiete si se cuenta a los que aún no habían nacido). Algunos de los feligreses se taparon los oídos con algodón, un lujo del que años después no disfrutarían Jamal en Guantánamo ni los prisioneros encerrados en contenedores en al-Qāim. Al parecer, otros intentaron divertirse fingiendo irónicamente que estaban en una discoteca. No les resultó fácil, como me dijo Clive Doyle, uno de ellos, cuando lo telefoneé. Clive Doyle es uno de los pocos supervivientes del tiroteo que puso fin al asedio.

—Rara vez ponían una canción entera —me contó—. La distorsionaban ralentizándola o acelerándola. Los monjes tibetanos daban bastante mal rollo. —A continuación, de buenas a primeras, preguntó—: ¿Cree que nos bombardearon con sonidos subliminales?

—No lo sé —dije—. ¿Lo cree usted?

—No lo sé —respondió—. Supusimos que estaban haciendo experimentos en un montón de campos distintos. Tenían un robot que un día se acercó a la entrada por el camino, con una antena muy grande en la parte de arriba. ¿A qué venía eso?

—No lo sé —dije.

—A veces pienso que los del FBI no eran más que unos idiotas, y que aquello era un caos —comentó Clive Doyle.

En efecto, la situación parecía bastante caótica. Según he averiguado, la mayor parte de los sonidos fuertes que emitían contra los miembros de la Rama Davidiana se los había facilitado al FBI la esposa de uno de los agentes. Trabajaba en un museo de la localidad, y simplemente había recopilado los sonidos y se los había entregado a su marido. Los chillidos del conejo agonizante eran la única excepción. La cinta pertenecía a un agente del FBI que, en circunstancias normales, la utilizaba cuando iba de caza para hacer salir a los coyotes de sus escondrijos. Por otro lado, el FBI continuó poniendo a todo volumen los cantos budistas incluso después de que el Dalai Lama escribiera una carta de protesta porque el agente encargado del sistema de altavoces «no tenía otra cosa que hacer por las noches».

Mi teoría es que, como en Abu Ghraib, había «un batiburrillo de agentes de inteligencia», cada uno de ellos con su particular idea de cómo dirigir el asedio. Algunas de esas ideas se basaban en las de Jim Channon o en las de algunos de sus adeptos. Otras parecían más espontáneas. Los negociadores del FBI grabaron su conversación telefónica con David Koresh y sus ayudantes. Algunos fragmentos de esa grabación ponen de manifiesto dos cosas: la primera, que todas las personas que estaban dentro de la iglesia compartían una forma de pensar, la forma de pensar de David Koresh, lo que resultaba algo alarmante; la segunda, que las personas que estaban fuera de la iglesia no tenían ningún criterio común, lo que resultaba aún más alarmante.

STEVE SCHNEIDER (miembro de la Rama Davidiana): ¿Quién controla a esos tipos? Algunos de sus hombres están ahí fuera ahora mismo, bajándose los pantalones. Hombres maduros con el culo al aire y haciendo gestos obscenos.

NEGOCIADOR DEL FBI: Esto... Escúcheme un momento. Estará de acuerdo conmigo en que la gente acostumbrada a ir en tanque o a saltar de aviones tiene una mentalidad un poco distinta de la suya o de la mía, ¿no?

STEVE SCHNEIDER: Estoy de acuerdo con usted. Pero alguien tendría que estar por encima de estos tipos.

NEGOCIADOR DEL FBI: Desde luego.

JIM CAVANAUGH (negociador del FBI): Creo que conviene dejar las cosas claras. Esos helicópteros no llevaban armas.

DAVID KORESH: Eso es mentira. Es mentira. ¿Sabes qué, Jim? Eres un mentiroso de mierda. Seamos serios.

JIM CAVANAUGH: David, te...

DAVID KORESH: No, escúchame bien. ¿Me estás diciendo tan tranquilo que ese helicóptero no llevaba armas?

JIM CAVANAUGH: He dicho que no disparó.

DAVID KORESH: Mentiroso de mierda.

JIM CAVANAUGH: No, te equivocas, David.

DAVID KORESH: Eres un mentiroso.

JIM CAVANAUGH: De acuerdo, vamos a tranquilizarnos...

DAVID KORESH: ¡No! Te voy a decir una cosa. Tal vez eso es lo que queréis que crea la prensa, pero hay otras personas que también lo vieron. Vamos, Jim, ¿de verdad pretendes convencerme de que no dispararon contra ninguno de nosotros?

JIM CAVANAUGH (tras un largo silencio): ¿David?

DAVID KORESH: Sigo aquí.

JIM CAVANAUGH: Eh, sí, bueno... Lo que digo es que esos helicópteros no llevaban armas montadas, ¿vale? No niego que los helicópteros hayan podido abrir fuego. ¿Entiendes lo que te digo?

DAVID KORESH: Pues no.

NIÑA NO IDENTIFICADA: ¿Van a venir a matarme?

NEGOCIADOR NO IDENTIFICADO: No. No va a venir nadie. No va a venir nadie.

Lo siguiente es un fragmento de una conferencia de prensa que se celebró en mitad del asedio:

PERIODISTA: Señor Ricks, ¿se plantean la posibilidad de emplear la guerra psicológica? ¿Han hablado de ello siquiera?

BOB RICKS (portavoz del FBI): No sé lo que es la guerra psicológica.

PERIODISTA: La prensa afirmaba que ustedes pondrían música a todo volumen, proyectarían luces fuertes sobre el recinto durante toda la noche para intentar enervar a todo el grupo. ¿Es esto posible?

BOB RICKS: No podemos hablar de tácticas como ésas, pero diría que las probabilidades de que llevemos a cabo acciones de ese tipo son mínimas.

Me entrevisté con Bob Ricks. Es uno de los miembros del FBI que más abiertamente han criticado el asedio de Waco, y, prácticamente sin ayuda, evitó que se lanzara un asalto parecido sobre un grupo de supremacistas blancos en un sitio llamado Elohim City, en el norte de Oklahoma. Dudo que Bob Ricks mintiese durante la conferencia de prensa. Creo que la mano izquierda del FBI no tenía idea de lo que hacía la mano derecha.

Al parecer, en Waco, como en Abu Ghraib, los que pensaban como Jim Channon optaron por esperar y ceder su turno a los de los gestos obscenos y los francotiradores de los helicópteros.

Tengo la hipótesis de que el bombardeo musical estuvo inspirado en un episodio similar ocurrido cuatro años antes en la ciudad de Panamá. La batalla entre el general Stubblebine y el general Manuel Noriega llevaba tiempo librándose como si ellos fueran dos magos encaramados en sendas montañas lanzándose rayos el uno al otro. El general Stubblebine había ordenado a sus espías psíquicos que vigilasen a Noriega, quien había contraatacado metiéndose trocitos de papel en los zapatos, y así sucesivamente.

Al final, Noriega se presentó en la embajada del Vaticano en la ciudad de Panamá, y la gente de Operaciones Psicológicas llegó con altavoces instalados en sus camionetas para estremecer el edificio con la canción de Guns N'Roses *Welcome to the Jungle*. Si esta táctica se basó directa o indirectamente en el manual de Jim Channon, resulta de lo más apropiado que Noriega —que le había causado al general Stubblebine tantos dolores de cabeza que no podía concentrarse en sus intentos de atravesar la pared— fuese capturado al fin gracias a otra estrategia del Primer Batallón de la Tierra.

Telefoneé a una docena de testigos del asedio de Waco —periodistas y agentes de inteligencia— para preguntarles si sabían de otros sucesos extraños aparte de la música y el robot con la antena. Tres de ellos me refirieron la misma historia. No tengo pruebas, por lo que no deja de ser un rumor, un relato que parece verosímil y totalmente increíble a la vez.

Dicho rumor es sobre un hombre a quien llamaré el señor B. Se alistó en el ejército de Estados Unidos en 1972, y entre 1973 y 1989 sirvió en la unidad de Fuerzas Especiales de Fort Bragg, donde participó en varios de los programas de entrenamiento para supersoldados inspirados por el general Stubblebine. Como resultado, se convirtió —en palabras de uno de los hombres con quien hablé— «no sólo en el mejor especialista en allanamientos de las fuerzas armadas, sino de todo el gobierno».

El señor B era capaz de colarse en cualquier parte sin que lo viese ni oyese nadie. Había conseguido dominar a todos los efectos, por completo y de forma extraordinaria, el nivel tres del código Jedi de Glenn Wheaton: la invisibilidad. Pero el señor B empleaba sus poderes para hacer el mal. Fue juzgado en 1989 por allanar pisos de mujeres para violarlas y condenado a cadena perpetua.

Un soldado a quien no puedo nombrar me juró que, el 18 de abril de 1993, vio al señor B entrar subrepticiamente en la iglesia de David Koresh. Quizá los cuatro años que llevaba en prisión habían hecho mella en sus poderes, pues el soldado lo reconoció de inmediato. En ese momento no dijo nada, pues dedujo que se trataba de una «operación negra». Sin duda una agencia de inteligencia había sacado al señor B de la cárcel.

La historia acaba así: el señor B se coló en el recinto de Koresh, comprobó que los dispositivos de escucha funcionasen correctamente, arregló los que no funcionaban, salió sigilosamente, fue trasladado de regreso a su celda en Colorado y descubrió a Dios. Se negó a concederme una entrevista alegando que ya no quería vivir en su pasado.

En la actualidad sigue cumpliendo condena en una cárcel de máxima seguridad.

Aunque este relato continúa siendo un rumor, la participación del doctor Igor Smirnov en el asedio de Waco apenas admite duda.

El FBI llevó al doctor Smirnov en avión de Moscú a Arlington, Virginia, donde se encontró en una sala de juntas con representantes del FBI, la CIA, la Agencia de Inteligencia de Defensa y la Agencia de Proyectos Avanzados de Investigación.

Los agentes le explicaron que el plan consistía en usar las líneas telefónicas. Los negociadores del FBI hablarían con Koresh como de costumbre, pero, por debajo, la voz silenciosa de Dios le transmitiría a Koresh el mensaje que el FBI decidiese poner en boca de Dios.

El doctor Smirnov dijo que aquello era factible.

Pero entonces la burocracia se interpuso en las negociaciones. Un agente del FBI declaró que le preocupaba que la operación empujase a los davidianos a suicidarse en masa. ¿Estaba dispuesto el doctor Smirnov a firmar un papel conforme asumía toda responsabilidad si se mataban por tener la voz de Dios subliminalmente implantada en su cabeza?

El doctor Smirnov contestó que no firmaría nada parecido.

Se levantó la sesión.

Un agente le dijo al doctor Smirnov que era una pena que la cosa no hubiese cuajado, pues ya habían elegido a alguien para que hiciera el papel de la voz de Dios.

Si la técnica del doctor Smirnov se hubiese puesto en práctica en Waco, añadió el agente, seguramente el papel de Dios lo habría representado Charlton Heston.

Yo estaba cruzando Georgia en coche y no podía dejar de pensar en mi conversación telefónica con el doctor Oliver Lowery, de modo que decidí acercarme a la dirección que tenía. Estaba a las afueras de Atlanta. Me preguntaba si me encontraría con una casa normal o algo parecido a un edificio de catorce plantas cercado por tres alambradas. El viento soplaba tan fuerte que temí que volcara el coche.

Era una casa de madera normal, algo destartalada, en una calle arbolada en un barrio de clase media. Las hojas se arremolinaban con tal violencia que tuve que poner en marcha los limpiaparabrisas.

Aparqué y me acerqué caminando a la casa, tratando de protegerme del vendaval. Estaba bastante nervioso. Llamé a la puerta. Todo sucedió tan deprisa que no soy capaz ni de describir a la persona que me abrió. Tengo la impresión de que era un hombre de facciones marcadas de setenta y pico años, con el pelo blanco ondeando al viento.

—Perdone por presentarme en su casa de improviso —le dije—. No sé si lo recuerda, pero tuvimos...

—Espero que el viento no se lo lleve volando en el camino de vuelta a su coche —me cortó.

Y acto seguido me cerró la puerta en las narices.

Me alejaba caminando de su casa cuando oí su voz de nuevo. Me volví. Gritaba algo a través del resquicio de la puerta.

—Espero que el viento no se lo lleve volando —bramaba.

Sonreí, inquieto.

—Ándese con cuidado —gritó.

13

Algunos ejemplos

El contenedor marítimo situado detrás de la estación de tren abandonada en al-Qāim, Iraq, donde los prisioneros tenían que escuchar la canción *I Love You* de Barney, el dinosaurio morado, que sonaba a través de unos altavoces.

A finales de junio de 2004, le envié un mensaje de correo electrónico a Jim Channon y a todas las demás personas con quienes me había entrevistado durante mi viaje de dos años y medio y que podían tener información de primera mano sobre el uso que se les daba ahora a las técnicas psicológicas de interrogación que proponía originalmente el manual de Jim. Escribí:

> Apreciado – – –:
> Espero que esté usted bien.
> Hablé con uno de los británicos que estuvieron presos en Guantánamo (inocente; lo han dejado en libertad) y me contó una historia muy extraña. Dijo que en cierto momento de los interrogatorios, los agentes de inteligencia militar lo dejaron en una habitación, durante horas y horas, con un radiocasete portátil. Le hicieron escuchar varios discos, de Fleetwood Mac, Kris Kristofferson, etcétera. No lo bombardearon con la música; se la pusieron a volumen normal. Puesto que el hombre es occidental, estoy seguro de que no intentaban hacerle perder los nervios iniciándolo en la música de Occidente. Lo que me lleva a pensar...
> ... ¿en frecuencias? ¿En mensajes subliminales?
> ¿Qué opina usted sobre esto? ¿Sabe con certeza de alguna época en que el ejército estadounidense utilizase frecuencias o sonidos subliminales?
> Con mis mejores deseos,
>
> JON RONSON

Recibí cuatro respuestas casi de inmediato.

COMANDANTE SID HEAL (el experto en armas no letales del Departamento del Sheriff de Los Ángeles
que me habló del efecto Bucha): Es muy interesante, pero no tengo la menor idea. Sé que los mensajes subliminales pueden amalgamarse con otros
sonidos y que ejercen un influjo poderoso. Hay
leyes que los prohíben en Estados Unidos, pero
no tengo conocimiento de los usos que usted describe. No obstante, imagino que dichos usos serían información clasificada y que nadie que no
estuviera implicado directamente tendría por qué
saber de su existencia. Si se tratara de frecuencias,
probablemente estarían en la gama audible o no
tendrían que enmascararlas con otros sonidos.

SKIP ATWATER (ex reclutador de espías psíquicos para
el general Stubblebine): Puede usted estar seguro
de que esa actividad tenía algún objetivo concreto.
Si consigue que alguien le hable de ello, sería interesante conocer la «tasa de éxito» de esta técnica.

JIM CHANNON: Me da la impresión de que la historia
que cuenta no es otra cosa que una muestra de
bondad (cualidad que aún existe).

No me quedó claro si Jim estaba haciendo gala de una
ingenuidad encantadora, de una ingenuidad irritante o de
una gran sutileza para irse por las ramas. (El comandante Ed Dames, el misterioso personaje que revelaba los
secretos de la unidad psíquica en el programa de Art Bell
y que era vecino de Jim, me lo describió una vez de un
modo inesperado. Me dijo: «No se deje engañar por la
pose hippie de Jim. No es espiritual en absoluto. Es como
el señor feudal del lugar. Él manda en esa zona de Hawai.
Jim es un hombre muy astuto.»

El coronel John Alexander respondió a mi mensaje de correo electrónico. Sigue siendo el principal impulsor de las tecnologías no letales en Estados Unidos, un papel que creó para sí mismo en parte después de leer e inspirarse en el manual de Jim.

> CORONEL ALEXANDER: Respecto a su afirmación de que él es inocente: si lo es, ¿cómo se explica que lo hayan capturado en Afganistán? Dudo que hubiese muchos turistas británicos que casualmente estuviesen de viaje en ese país cuando nuestras tropas llegaron allí. O tal vez era un antropólogo cultural que estudiaba el orden social progresista de los talibanes como parte de su tesis doctoral y lo detuvieron por error mientras se educaba allí. Quizá si se cree usted el testimonio de ese hombre, estará interesado en que yo le venda un puente. En cuanto a la música, no tengo idea de cuál fuera su objetivo. Supongo que los aficionados al rock duro la considerarán un castigo tremendo y querrán denunciarlo a Amnistía Internacional como prueba de tortura.

Los chistes sobre el uso de la música en interrogatorios ya no hacían tanta gracia, al menos a mí, y creo que a él tampoco. El coronel Alexander lleva toda una vida en el mundo de la negación plausible, y creo que ha llegado a un punto en que estas respuestas le salen de forma automática. El coronel Alexander acaba de regresar de Afganistán, donde ha estado cuatro meses asesorando al ejército sobre algo de lo que se niega a hablar.

Le envié el siguiente mensaje:

¿Puede contarme algo acerca del uso de sonidos y frecuencias subliminales como parte del arsenal militar? Si hay alguien con vida capacitado para responder a esta pregunta, es usted.

Su respuesta llegó casi al instante. En ella, decía que mi insinuación de que el ejército de Estados Unidos podía contemplar siquiera la posibilidad de usar sonidos o frecuencias subliminales «no tiene ningún sentido».

Lo cual me resultó extraño.

Desempolvé una entrevista que le había hecho al coronel el verano anterior. Por aquel entonces yo no estaba muy interesado en las armas acústicas, sino en la Espuma Pegajosa y las miradas letales a las cabras, pero me acordé de que se había tocado el tema de pasada durante la conversación.

—¿Alguna vez ha bombardeado el ejército a alguien con sonidos subliminales? —había preguntado yo.

—No tengo la menor idea —dijo él.

—¿Qué es un dispositivo de psicocorrección? —inquirí.

—No tengo la menor idea —respondió—. No tiene ningún fundamento en la realidad.

—¿Qué son los sonidos silenciosos?

—No tengo la menor idea —dijo—. A mí eso me suena a oxímoron.

Me miró con severidad, como si creyera que yo me estaba haciendo pasar por periodista cuando en realidad era un peligroso e irracional partidario de las teorías de la conspiración.

—¿Cómo dice que se llama? —preguntó.

Noté que me ruborizaba. De pronto empecé a sentirme intimidado por el coronel Alexander. Jim Channon tiene en su manual una página dedicada a la expresión facial que debe adoptar un guerrero Jedi cuando se encuentra con un enemigo o un desconocido por primera vez: «Una sonrisa firme, sutil y subyugante —escribió Jim—. Una mirada profunda e impasible, que denote que la persona de carne y hueso se siente como en casa y a gusto con todo el mundo. Una expresión serena y tranquila que denote una actitud abierta.» En aquel momento el coronel Alexander me estaba dirigiendo una mirada que yo sólo podría describir como subyugante e impasible.

Le repetí mi nombre.

—Polvo de hadas —farfulló.

—¿Cómo dice? —pregunté.

—Esto no es algo que se haya discutido o que haya salido a colación, y hemos cubierto toda la gama de tecnologías no letales —aseveró—. No manipulamos el cerebro de la gente ni bla bla bla bla. Eso son tonterías.

—Estoy confuso —admití—. No sé mucho del tema, pero estoy seguro de haber visto su nombre asociado a algo que se ha denominado «dispositivo de psicocorrección».

—No tiene ningún sentido —dijo, aparentemente desconcertado. Luego añadió que sí, que había asistido a reuniones en las que se había hablado de algo así, pero que no había pruebas de que esas máquinas funcionarían—. ¿Cómo se hace eso [bombardear a alguien con sonidos silenciosos] sin que nos afecte a nosotros? Todas las personas que estuvieran cerca lo oirían también.

—¿Con tapones? —aventuré.

—Oh, venga ya —espetó.

—Claro —rectifiqué—. Tiene razón.

Después la conversación se había desviado hacia el

tema de matar cabras con la mirada, «en un entorno científicamente controlado», según el coronel Alexander, y fue entonces cuando me dijo que quien lo había logrado no era Michael Echanis sino Guy Savelli.

¿Cómo se podía bombardear a alguien con sonidos silenciosos sin que «nos afectara a nosotros»?

Por aquel tiempo, me pareció que ese argumento era irrebatible y que desmontaba todas las teorías paranoicas que circulaban en Internet sobre máquinas de control mental con las que se podía conseguir que la gente oyera voces en su cabeza. Obviamente, no daría resultado. De hecho, creer las palabras del coronel Alexander supuso un alivio para mí, pues me hizo sentir de nuevo como una persona sensata y no como el lunático que, a juzgar por su mirada, él pensaba que yo era. Volvíamos a ser dos personas sensatas, un coronel y un periodista, que hablaban con perspicacia sobre temas racionales.

«Puso el CD —había dicho Jamal— y salió de la habitación.»

A continuación, saqué el informe militar filtrado hacía poco a la prensa y que llevaba por título *Armas no letales: conceptos y fuentes*. En él se enumeraba un total de veintiún armas acústicas, en distintos grados de desarrollo, entre las que figuraban el infrasonido («Sonido de muy baja frecuencia que puede recorrer largas distancias y penetrar con facilidad casi todos los edificios y vehículos... Efectos biofísicos: náusea, pérdidas de heces, desorientación, vómitos, posibles lesiones en órganos internos o incluso la muerte. Es superior al ultrasonido...»).

La penúltima entrada era la correspondiente al Dispositivo de Psicocorrección, cuyo propósito era «influir de manera visual o auditiva en el sujeto con mensajes subliminales incorporados».

Pasé a la primera página. Y allí estaba. El coautor del documento era John Alexander.

Así pues, nuestra correspondencia electrónica se reanudó.

Le pedí permiso al coronel para incluir en este libro sus opiniones sobre el episodio de Guantánamo, y él me respondió:

> No sé muy bien a qué se refiere con eso de «el episodio de Guantánamo». Mi perspectiva sobre este asunto es mucho más amplia. En mi humilde opinión, ha estallado la guerra mundial X, y es religiosa. El problema al que nos enfrentamos es el de qué hacer con los prisioneros capturados en una guerra interminable. Nadie se ha planteado antes esta pregunta. La respuesta tradicional (a lo largo de los milenios) ha sido matarlos o esclavizarlos. Eso no es tarea fácil en la situación actual.

Dado lo que yo sabía sobre su campo de especialización, su alternativa me pareció obvia. Si uno no podía matar a sus enemigos o mantenerlos recluidos para siempre, sin duda sólo quedaba una opción, según la mentalidad del coronel Alexander: modificar su forma de pensar.

El *Manual de Operaciones del Primer Batallón de la Tierra* había impulsado el desarrollo de dispositivos capaces de «lanzar energía a las multitudes». Por lo visto la historia nos enseña que cuando sobreviene una gran crisis en Estados Unidos —la guerra contra el terrorismo, el trauma de Vietnam y sus repercusiones, la guerra fría—, la inteligencia militar del país se siente atraída por la idea del control de las mentes. Trazan toda clase de planes que se antojan descabellados y absurdos hasta que los ponen a prueba en el mundo real.

Le envié al coronel Alexander un mensaje de correo electrónico para preguntarle si de verdad defendía el uso de alguna máquina controladora de mentes y él contestó, algo apesadumbrado y con cierta cautela: «Cuando nos ponemos a manipular mentes, surgen las teorías de conspiraciones sobre el control mental.»

Se refería a MK-ULTRA.

Fue seguramente uno de los peores reveses jamás sufridos por los servicios de inteligencia de Estados Unidos en sus relaciones públicas, al menos hasta que las fotografías de Abu Ghraib salieron a la luz en 2004. Podría considerarse que Jim Channon concibió prácticamente por sí solo la idea de que el ejército recurriese a métodos no convencionales (como me había asegurado uno de sus admiradores), de no ser porque la CIA se le había adelantado.

Todo el mundo seguía escamado por el asunto MK-ULTRA.

14

La casa de 1953

Hay una casa en Frederick, Maryland, que lleva prácticamente intacta desde 1953. Parece una exposición en un museo algo descuidado dedicado a la guerra fría. Aquella formica de colores chillones, aquellos adornos horteras —símbolos alegres del optimismo estadounidense de la década de 1950— no han resistido bien el paso del tiempo.

A la casa de Eric Olson —y él sería el primero en reconocerlo— no le vendría mal un cambio de decoración.

Aunque Eric nació allí, nunca le gustaron Frederick ni aquella casa. Se marchó tan pronto como pudo después del instituto y tras un largo periplo por Ohio, la India, Nueva York y Massachusetts, regresó a Frederick, de ahí pasó a Estocolmo y de ahí a California, pero en 1993 decidió pasar unos meses en su antigua casa. Han transcurrido diez años, durante los cuales él no ha renovado el mobiliario por tres razones:

1. No tiene dinero.
2. Tiene la mente en otro sitio.
3. Su existencia sufrió un revés paralizante el 28 de noviembre de 1953, y si se supone que tu entorno debe reflejar tu vida interior, la casa de Eric cumple con esa función. Es un recordatorio ineludible del momento en que la existencia de Eric quedó paralizada. Eric afirma que si alguna vez olvida «por qué estoy haciendo esto», sólo tiene que echar un vistazo a su casa, y el año 1953 acude a su memoria con una fuerza demoledora.

Según Eric, 1953 fue probablemente el año más significativo en la historia contemporánea. Dice que, en cierto sentido, todos estamos encallados en 1953, ya que los sucesos de ese año han tenido un impacto duradero y arrollador sobre nuestra vida. Hizo un repaso rápido de los acontecimientos clave de 1953. Se coronó el Everest; James Watson y Francis Crick publicaron en la revista *Nature* su famoso artículo en que exponían la estructura en doble hélice del ADN; Elvis visitó por primera vez un estudio de grabación, y el tema *Rock Around the Clock* de Bill Haley dio origen al rock and roll, y, consiguientemente, a los adolescentes; el presidente Truman anunció que Estados Unidos había fabricado una bomba de hidrógeno; se desarrolló la vacuna contra la polio, así como la televisión en color; Allen Dulles, director de la CIA, aseguró ante sus alumnos de Princeton que «la guerra mental es el gran campo de batalla de la guerra fría, y tenemos que hacer todo lo necesario para ganarla».

La noche del 28 de noviembre de 1953, Eric se fue a la cama siendo un niño normal y feliz de nueve años. El hogar familiar se había construido tres años antes, y

Frank, su padre, aún estaba dándole los últimos retoques, si bien ese día se hallaba en Nueva York de viaje de negocios. Alice, la madre de Eric, dormía en su habitación, al otro extremo del pasillo. Su hermano pequeño Nils y su hermana Lisa estaban en el dormitorio contiguo.

Y entonces, poco antes del alba, alguien despertó a Eric.

—Era una aurora muy tenue de noviembre —rememoró él.

Lo despertó su madre y, aún en pijama, lo llevó por el pasillo en dirección a la sala de estar, la misma en que estábamos él y yo ahora, sentados en los mismos sofás de entonces.

Cuando Eric dobló la esquina, vio al médico de la familia sentado allí.

—Y también había dos... —Eric se interrumpió por unos instantes para buscar la palabra más adecuada para describirlos—. Había otros dos... hombres.

La noticia que aquellos hombres le comunicaron fue que el padre de Eric había muerto.

—¿De qué están hablando? —les preguntó Eric en tono agresivo.

—Ha tenido un accidente —dijo uno de ellos—. Se ha caído o se ha tirado de una ventana.

—¿Cómo dice? —saltó Eric—. ¿Que ha hecho qué?

—Se ha caído o se ha tirado de una ventana en Nueva York.

—¿Y eso cómo puede ser? —quiso saber Eric.

A su pregunta siguió un silencio absoluto. Eric se volvió hacia su madre, que estaba muy quieta y con la mirada vacía.

—¿Cómo se cae uno de una ventana? —insistió Eric—. ¿Qué significa eso? ¿Por qué habría de hacer eso?

¿Qué quiere decir con eso de que se ha caído o se ha tirado?

—No sabemos si se ha caído —explicó uno de los hombres—. Es posible que se haya caído o que haya saltado.

—¿Como desde un trampolín? —inquirió Eric.

—Sea como sea —dijo uno de los hombres—, ha sido un accidente.

—¿Estaba de pie sobre una cornisa y ha saltado? —preguntó Eric.

—Ha sido un accidente laboral —afirmó uno de los hombres.

—¿Disculpe? —dijo Eric—. ¿Se ha caído por una ventana y eso es un accidente laboral? ¿Cómo? —Se volvió hacia su madre—. Eh... ¿En qué dices que trabaja?

Eric creía que su padre era un científico civil que trabajaba con sustancias químicas en la base militar cercana de Fort Detrick.

—Aquello pronto se convirtió en motivo de tensión familiar —me dijo Eric— porque yo era un niño que decía constantemente: «Perdona, ¿adónde dices que se fue? Cuéntame otra vez la historia.» Mi madre no tardó en adoptar una actitud tipo: «Oye, ya te he contado la historia mil veces.» Entonces yo le decía: «Ya, pero es que no lo entiendo.»

La madre, a partir de los mismos datos exiguos que le habían proporcionado a Eric, había elaborado su propia versión de lo ocurrido: Frank Olson estaba en Nueva York. Estaba en la novena planta del hotel Statler, hoy llamado Pennsylvania, frente al Madison Square Garden, en el Midtown de Manhattan. Tuvo una pesadilla. Despertó confundido y se dirigió hacia el baño a oscuras. Se desorientó y se cayó por la ventana.

Eran las dos de la madrugada.

Eric y su hermano pequeño Nils les dijeron a sus amigos del colegio que su padre había muerto de una crisis nerviosa, aunque no tenían la menor idea de lo que era eso.

La vida en Frederick giraba en torno a Fort Detrick. Los padres de todos sus amigos trabajaban en la base. A los Olson seguían invitándolos a meriendas en el campo y a otras actividades de la comunidad, pero al parecer ya no había motivos para que estuvieran allí.

Cuando Eric tenía dieciséis años y Nils doce, decidieron irse en bicicleta a San Francisco. Pese a ser tan joven, Eric veía aquel viaje de 3.886 kilómetros como una metáfora. Deseaba adentrarse en terreno norteamericano desconocido, en la Norteamérica misteriosa que, por alguna razón inescrutable, le había arrebatado a su padre. Él y Nils alcanzarían «la meta [San Francisco] en incrementos de movimiento pequeños y continuos a lo largo de una recta». Para Eric, se trataba de una prueba preparatoria para alcanzar algún día, de forma no menos trabajosa, otra meta: solucionar el misterio de lo que le había sucedido a su padre en aquella habitación de hotel de Nueva York a las dos de la madrugada.

Pasé mucho tiempo en casa de Eric, leyendo sus documentos, echando un vistazo a sus fotos y mirando sus películas caseras. Había imágenes del Eric adolescente y de su hermano menor Nils junto a sus bicicletas. Como pie de foto, Eric había escrito: «Ciclistas alegres.» Había películas de ocho milímetros de dos décadas atrás en las que aparecía su padre, Frank, jugando en el jardín con los niños. También vi algunas películas que el propio Frank Olson había filmado en un viaje a Europa que había hecho pocos meses antes de morir. Ahí estaban el Big Ben y el cambio de guardia ante el palacio de Buckingham; la puerta de Brandeburgo, en Berlín; la torre Eiffel. Parecían imágenes de unas vacaciones familiares, salvo porque la familia no estaba con él. Ocasionalmente, en aquellas filmaciones en ocho milímetros, se alcanzaba a vislumbrar por unos instantes a sus compañeros de viaje, tres hombres vestidos con abrigo largo y sombrero de fieltro, sentados en la terraza de algún café parisino, contemplando a las chicas que pasaban.

Después de esto, vi un vídeo casero que había grabado un amigo de Eric el 2 de junio de 1994, el día que Eric había conseguido que se exhumara el cadáver de su padre.

Aparecía la excavadora, abriendo la fosa.

Aparecía también una periodista local, preguntándole a Eric, mientras izaban el ataúd para cargarlo con gran estrépito en la parte posterior de una camioneta:

—¿Se lo está repensando, Eric? —Tuvo que gritar para hacerse oír por encima del ruido de la excavadora.

—¡Ja! —replicó Eric.

—Sigo pensando que tal vez de un momento a otro cambie de idea —gritó la periodista.

Luego aparecía el mismo Frank Olson, consumido y amarronado, tendido sobre una mesa de autopsias sobre el laboratorio de un patólogo de la Universidad de Georgetown, en Washington, con la pierna rota y un boquete en el cráneo.

Después, el vídeo casero mostraba a Eric de nuevo en casa, eufórico, hablando por teléfono con Nils:

—¡Hoy he visto a papá!

Tras colgar el auricular, Eric le relataba al amigo que llevaba la videocámara la historia del viaje en bicicleta que Nils y él habían emprendido en 1961, desde la puerta de su casa hasta San Francisco.

—Había leído un artículo en *Boy's Life* acerca de un

chico de catorce años que había ido en bicicleta de Connecticut a la Costa Oeste —explicó Eric—, así que supuse que, puesto que mi hermano tenía doce años y yo dieciséis, y el promedio de nuestras edades era de catorce, podríamos lograrlo. Conseguimos dos bicicletas iguales terriblemente pesadas de dos velocidades y empezamos justo aquí, en la carretera 40 del Oeste. ¡Nos habían dicho que llevaba directamente hasta allí! ¡Y lo conseguimos! ¡Llegamos hasta allí!

—¡No! —exclamó el amigo de Eric con incredulidad.

—Sí —afirmó Eric—. Cruzamos el país en bici.

—¡Ni hablar!

—Es una historia increíble —dijo Eric—. Y no hemos sabido de ninguna persona más joven que mi hermano que haya atravesado Estados Unidos en bicicleta. Dudo que nadie más lo haya hecho. Si lo piensas... Doce años, y solo. Tardamos siete semanas, y vivimos aventuras increíbles por el camino.

—¿Acampabais por las noches?

—Acampábamos por las noches. Algunos granjeros nos ofrecían alojamiento en su casa. En Kansas City la policía nos detuvo, creyendo que nos habíamos escapado de casa, y cuando comprobaron que no era así nos dejaron dormir en el calabozo.

—¿Y tu madre os dejó hacer eso?

—Sí, es una especie de misterio insondable.

(En 1994, Alice, la madre de Eric, ya había fallecido. Llevaba bebiendo a escondidas desde los años sesenta. Se encerraba en el baño y salía malhumorada y aturdida. Eric jamás habría exhumado los restos de su padre mientras ella viviera. Su hermana Lisa había muerto también, junto con su marido y su hijo de dos años. Iban volando hacia las montañas Adirondacks, a fin de hacer una inversión en un aserradero. El avión se estrelló, y todos los que viajaban en él perecieron.)

—Sí —dijo Eric—. Es un misterio insondable que mi madre nos dejara ir, pero llamábamos a casa dos veces por semana desde sitios distintos. El periódico local de Frederick publicaba en portada, también dos veces por semana, titulares como «¡Los Olson llegan a Saint Louis!». En aquella época, había por todo el país vallas publicitarias que anunciaban un local llamado Harold's Club, una gran casa de juego de Reno. En otro tiempo había sido el casino más grande del mundo. Su lema era: «¡Llegar a Harold's Club o reventar!» Veíamos esas vallas todos los días, «¡Llegar a Harold's Club o reventar!». Acabó por convertirse en una especie de lema de nuestro viaje. Cuando llegamos a Reno descubrimos que no podíamos entrar en Harold's Club porque éramos demasiado jóvenes. Decidimos hacer un cartel que dijera «¡Llegar a Harold's Club o reventar!» y atarlo a la parte posterior de nuestras bicis, ir a Harold's Club y decirle a Harold, fuera quien fuese, que lo habíamos paseado por todo Estados Unidos y que nos moríamos de ganas de ver Harold's Club. Así que entramos en una tienda, conseguimos una vieja caja de cartón, compramos lápices de cera y nos pusimos a escribir el cartel. La mujer que nos vendió los lápices de cera nos preguntó: «¿Qué hacéis?»

»Le contestamos: «Vamos a hacer un cartel con la frase: "¡Llegar a Harold's Club o reventar!" y decirle a Harold que hemos venido en bici desde...»

»Ella dijo: "Esa gente es muy lista. No se lo van a tragar."

»Aun así, hicimos el cartel, lo sacamos a la calle, lo atamos a la parte de atrás de las bicicletas, fuimos a Harold's Club, llegamos a unas puertas enormes (Harold's Club era un sitio gigantesco, literalmente el casino más grande del mundo), y allí había un portero.

»"¿Qué queréis?", nos preguntó.

»"Queremos hablar con Harold", le dijimos.

»"Harold no está", dijo.

»"Bueno, ¿está alguien más?", preguntamos.

»"Harold padre no está, pero Harold hijo sí", dijo.

»"Nos vale. Nos conformamos con Harold hijo", dijimos.

»"De acuerdo, iré a avisarle", dijo.

»Al poco rato salió dando grandes zancadas un tipo con un vistoso traje de *cowboy*, un tipo de buena planta. Sale, se fija en nuestras bicis y dice: "¿Qué estáis haciendo?"

»Le dijimos: "Harold, hemos estado recorriendo Estados Unidos en bicicleta, siempre con el deseo de ver Harold's Club. Hemos atravesado el desierto sudando la gota gorda."

»Entonces él dijo: "¡Pues adelante, pasad!"

»Acabamos quedándonos una semana en Harold's Club. Nos dio un paseo por Reno en helicóptero y nos alojó en un hotel elegante. Cuando nos íbamos, dijo: "Supongo que os apetecerá conocer Disneylandia, ¿no? Dejadme que llame a mi amigo Walt."

»Así que telefoneó a Walt Disney, pero, para mi desilusión (una de las más grandes que me he llevado nunca), Walt no estaba en casa.»

No dejo de preguntarme por qué Eric se pasó la tarde del día que había exhumado a su padre contándole a su amigo la historia de «llegar a Harold's Club o reventar». Quizá fue porque durante buena parte de su vida como adulto no había vuelto a recibir un trato tan amable por parte de un desconocido ni se había beneficiado de nada remotamente parecido al sueño americano, pero ahora Frank Olson yacía allí, en una mesa de autopsias en el laboratorio de un patólogo, y la vida de Eric estaba a punto de dar un vuelco. Tal vez algún misterioso Harold hijo aparecería y se lo explicaría todo amablemente.

Ciclistas alegres.

En 1970, Eric se matriculó en Harvard. Todos los fines de semana de Acción de Gracias los pasaba en casa, y puesto que Frank Olson se precipitó en el vacío durante las vacaciones de Acción de Gracias de 1953, la familia invariablemente acababa viendo las viejas filmaciones caseras de Frank, y Eric, de forma inevitable, le pedía a su madre que le refiriese de nuevo lo sucedido.

El fin de semana de Acción de Gracias de 1974, la madre de Eric replicó:

—Te he contado esa historia cientos, miles de veces.

—Pues cuéntamela sólo una vez más —insistió Eric.

De modo que la madre de Eric suspiró y comenzó su relato.

Frank Olson pasó un fin de semana de retiro con sus compañeros de trabajo en una cabaña conocida como Deep Creek Lodge en Maryland. Cuando volvió a casa, parecía especialmente inquieto.

Le dijo a su esposa: «He cometido un terrible error. Te lo explicaré cuando los niños se hayan ido a dormir.»

Sin embargo, en la conversación posterior no salió a colación cuál había sido ese terrible error.

Frank estuvo nervioso durante todo el fin de semana. Le comentó a Alice que desearía dejar su trabajo y convertirse en dentista. La noche del sábado, ella, con la intención de tranquilizarlo, lo llevó al cine de Frederick para ver qué estaban dando. Resultó ser una película nueva titulada *Martin Luther* [Martín Lutero].

Era la historia de la crisis de conciencia de Lutero respecto a la corrupción de la Iglesia católica en el siglo XVI, cuando sus teólogos proclamaron que era imposible que la Iglesia hiciera algo malo, pues era ella la que definía el código moral. Después de todo, luchaba contra el demonio. En el clímax del filme, Lutero declaraba: «No puedo hacer otra cosa. Ésta es mi postura.» La moraleja de *Martin Luther* es que el individuo no puede parapetarse tras la institución.

(En la base de datos de la revista *TV Guide* los críticos le dan a *Martin Luther* dos estrellas sobre cinco, y escriben: «No se trata de "entretenimiento" en el sentido habitual de la palabra. Se agradecería un poco más de humor en el guión, para darle al personaje una dimensión más humana. La película está realizada con tal respeto que el tema resulta lúgubre en vez de edificante.»

Ir al cine no mejoró el estado de ánimo de Frank. Al día siguiente, unos colegas le aconsejaron que fuera a Nueva York a ver a un psiquiatra. Alice lo llevó en coche a Washington y lo dejó en el edificio de oficinas donde trabajaban los hombres que lo acompañarían a Nueva York.

Fue la última vez que vio a su marido.

Durante aquel fin de semana de Acción de Gracias de 1974, Eric, llevado por un impulso, le pidió a su madre algo que nunca se le había ocurrido antes:

—Descríbeme las oficinas donde lo dejaste.

Ella así lo hizo.

—Dios santo —dijo Eric—. Eso suena a la sede de la CIA.

Y entonces su madre se puso histérica.

—¡Jamás averiguarás lo que sucedió en aquella habitación de hotel! —gritó.

—En cuanto me gradúe en Harvard, me instalaré aquí y no descansaré hasta que descubra la verdad —anunció Eric.

Eric no tuvo que esperar mucho tiempo a que se produjera un avance importante. Recibió una llamada telefónica de un amigo de la familia la mañana del 11 de junio de 1975: «¿Has visto el *Washington Post*? Creo que deberías echarle un vistazo.»

Era un artículo de portada:

SE DESTAPA UN SUICIDIO

Un empleado civil del Departamento del Ejército consumió sin saberlo LSD como parte de una prueba de la Agencia Central de Inteligencia y luego se mató al saltar desde un noveno piso menos de una semana después, según el informe de la comisión Rockefeller hecho público ayer.

(La comisión Rockefeller se había instituido después del escándalo de Watergate para investigar las fechorías de la CIA.)

Le hicieron tomar la droga durante una reunión con personal de la CIA que estaba trabajando en un proyecto experimental que consistía en administrar drogas a ciudadanos estadounidenses desprevenidos.

«No se advirtió al individuo en cuestión que había consumido LSD sino hasta 20 minutos después de que le administrasen la droga —declaró la comisión—. Empezó a sufrir efectos secundarios graves y fue enviado a Nueva York con una escolta de la CIA a fin de que recibiese tratamiento psiquiátrico. Unos días después, saltó por la ventana de su habitación, situada en un noveno piso, y murió como consecuencia de ello.»

Según la comisión, la práctica de administrar drogas a personas sin que éstas lo supieran duró de 1953 a 1963, año en que el inspector general de la CIA la descubrió y le puso fin.

«¿Ese hombre era mi padre?», se preguntó Eric.

El titular inducía a error. No se había «destapado» gran cosa, ni siquiera el nombre de la víctima.

«¿Fue eso lo que ocurrió en Deep Creek Lodge? —pensó Eric—. ¿Le dieron LSD sin que se diera cuenta? No, pero tiene que tratarse de mi padre. ¿Cuántos científicos del ejército saltaron por la ventana de un hotel de Nueva York en 1953?»

En general, la opinión pública estadounidense reaccionó a la información sobre Frank Olson más o menos del mismo modo en que reaccionaría cincuenta años después a la noticia de que estaban utilizando a Barney para torturar a detenidos iraquíes. Decir que se horrorizó no sería muy acertado. La gente más bien se mostró divertida y fascinada. Como en el caso de Barney, creo que esta respuesta fue fruto de la combinación desconcertantemente surrealista de secretos oscuros de los servicios secretos con la cultura pop.

—Para los norteamericanos aquello fue morboso —dijo Eric— y emocionante.

Los Olson fueron invitados a la Casa Blanca para que el presidente Ford en persona pudiera presentarles sus disculpas —«Estaba muy, muy apenado», aseguró Eric—, y las fotografías de ese día muestran a la familia radiante de alegría y embelesada en el despacho Oval.

—Cuando miras esas fotografías hoy en día —le pregunté una vez a Eric—, ¿qué te sugieren?

—Me sugieren que el poder de seducción de ese despacho Oval es enorme —respondió él—, como ha demostrado Clinton. Uno entra en ese recinto sagrado, ese óvalo, y se encuentra dentro de un círculo encantado y especial que te impide pensar con claridad. Obra ese efecto. De verdad que obra ese efecto.

Delante de la Casa Blanca, tras su reunión de diecisiete minutos con el presidente Ford, Alice Olson declaró a la prensa:

«Me parece destacable que una familia norteamericana pueda ser recibida por el presidente de Estados Unidos. Creo que es un homenaje inmenso a nuestro país.»

Los Olson en el despacho Oval. Eric es el segundo
por la derecha.

Los Olson, otra vez en casa.

—Se sintió muy apoyada por Gerald Ford —comentó Eric—. Se rieron juntos y cosas así.

El presidente les prometió a los Olson que todo se aclararía, y la CIA les ofreció a la familia, y al país entero, una gran cantidad de detalles, cada uno más inesperado que el anterior.

La CIA había puesto LSD en el Cointreau de Frank Olson en un campamento de retiro llamado Deep Creek Lodge. El nombre en clave del proyecto era MK-ULTRA, y, según explicaron ellos, lo pusieron en práctica porque querían ver cómo un científico lidiaba con los efectos de un psicotrópico. ¿Sería incapaz de resistirse a revelar secretos? ¿Proporcionaría información coherente? ¿Podía emplearse el LSD como un suero de la verdad para interrogatorios de la CIA?

Había otro motivo. Tiempo después, representantes de la CIA reconocerían que les encantaban los *thrillers* paranoicos como *El mensajero del miedo* y que deseaban averiguar si de verdad era posible crear asesinos de carne y hueso lavándoles el cerebro por medio del LSD. Pero Frank Olson tuvo un mal viaje, lo que tal vez dio origen a la leyenda de que si consumes LSD crees que puedes volar y es fácil que acabes tirándote por una ventana.

Los historiadores sociales y los autores de sátira política se apresuraron a calificar estos hechos de «gran ironía histórica», y Eric me repitió estas palabras con los dientes apretados porque no le hace mucha gracia que la muerte de su padre se haya convertido en parte de una ironía.

—La gran ironía histórica —dijo Eric— era que la CIA había introducido el LSD en Estados Unidos, lo que trajo consigo una especie de ilustración que elevó a la gente a un nuevo nivel de conciencia política, de modo que sembró las semillas de su propia perdición, porque dio lugar a un público ilustrado. Esta teoría se hizo muy popular, y se escribieron muchos libros sobre ella.

El aluvión de detalles continuaba, tan abundante y rápido que Frank Olson corría el peligro de perderse, arrastrado como una ramita por la marea de esta historia tan pintoresca. La CIA también informó a los Olson de que en 1953 había abierto un burdel MK-ULTRA en la ciudad de Nueva York, y que drogaban las bebidas de los clientes con LSD. Instalaron a un agente llamado George White al otro lado de un espejo unidireccional para que confeccionase maquetas con escobillones para pipa y las entregase luego a sus superiores. Las maquetas representaban las posturas sexuales que el observador George White consideraba más eficaces para facilitar el flujo de información.

Cuando George White dejó la CIA, su carta de dimisión decía, entre otras cosas: «Me he entregado en cuerpo y alma a esta profesión porque era muy, muy, muy divertido... ¿Dónde si no puede un norteamericano hasta la médula mentir, matar, engañar, robar, violar y saquear con la autorización y la bendición del altísimo?»

George White dirigió esta carta a su jefe, el mismo hombre de la CIA que le había drogado el Cointreau a Frank Olson: Sidney Gottlieb, un budista obsesionado con el ecologismo.

Gottlieb había aprendido el arte de la prestidigitación de un mago de Broadway que se llamaba John Mulholland. Prácticamente nadie se acuerda ya de este ilusionista, pero en aquella época era una gran estrella, un David Copperfield, que desapareció misteriosamente de los escenarios en 1953, alegando tener problemas de salud, cuando en realidad Sidney Gottlieb lo había contratado en secreto para que entrenase a los agentes que tendrían la misión de echar LSD en las bebidas de la gente. Mulholland también le enseñó a Gottlieb a emponzoñar disimuladamente con biotoxinas los cepillos de dientes y los cigarros de los enemigos de Estados Unidos en el extranjero.

Fue Gottlieb quien viajó al Congo para asesinar a Patrice Lumumba, el primer ministro, elegido democráticamente a diferencia de sus predecesores, poniéndole toxinas en el cepillo de dientes (fracasó: al parecer otra persona, que no era estadounidense, se le adelantó y mató a Lumumba). Fue Gottlieb quien envió un pañuelo bordado con un monograma e infectado con brucelosis al coronel iraquí Abd al-Karin Qasim. Éste sobrevivió. Y fue Gottlieb quien viajó a Cuba para envenenar los puros y el traje de buzo de Fidel Castro. Éste sobrevivió.

Era como un número cómico —los hermanos Marx se convierten en asesinos encubiertos—, y a veces Eric tenía la impresión de que los únicos que no se reían eran sus familiares.

—La imagen que nos presentaban —explicó Eric— era la de unos chicos de una hermandad universitaria fuera de control. «Hemos intentado algunas cosas demenciales y hemos cometido equivocaciones. Pusimos diferentes venenos en los puros de Castro, pero ninguno dio resultado. Luego decidimos que hacer esas cosas no era lo nuestro.»

—Payasos asesinos —dije.

—Payasos asesinos —coincidió Eric—. La ineptitud personificada. Drogamos a la gente, que luego salta por las ventanas. Intentamos asesinar a alguien pero se nos adelantan. Al final, nunca llegamos a asesinar a nadie. —Eric hizo una pausa—. ¡Y Gottlieb aparece por doquier!

—exclamó—. ¿Es Gottlieb el único que lleva el cotarro? ¿Tiene que encargarse de todo? —Eric se rio—. Esto fue lo que mi madre aprovechó para decirle cuando habló con él: «¿Cómo pudieron realizar un experimento tan chapucero? ¿Dónde estaba la supervisión médica? ¿Y el grupo de control? ¿Llaman a esto ciencia?» Y Gottlieb le respondió algo así como: «Sí, fue un poco improvisado. Lo sentimos mucho.»

Sentado en la sala de Eric Olson, escuchando esta historia, me acordé de que había oído nombrar a Sidney Gottlieb antes, en un contexto muy distinto. Entonces caí en ello. Antes de que se presentara el general Stubblebine, los espías psíquicos secretos tenían otro administrador: Sidney Gottlieb.

Tardé un rato en recordar este dato porque parecía de lo más improbable. ¿Qué estaba haciendo un hombre como Sidney Gottlieb, envenenador, asesino (no demasiado hábil, pero asesino al fin y al cabo) y responsable indirecto de la muerte de Frank Olson, metido en aquel otro tejemaneje psíquico y estrambótico? Me sorprendió que la separación organizativa entre la cara amable (los superhombres psíquicos) y la cara siniestra (los asesinatos encubiertos) del mundo de la inteligencia fuese tan estrecha. Sin embargo, no fue sino hasta que Eric me mostró una carta inesperada que su madre había recibido el 13 de julio de 1975 cuando empecé a comprender lo estrecha que era en realidad esa separación. El remitente era el director del hotel de carretera Diplomat, en Ocean City, Maryland. Decía:

Apreciada señora Olson:
Después de leer en la prensa los artículos sobre la trágica muerte de su marido, me he sentido obligado a escribirle.

Cuando su marido falleció, yo era subdirector del turno de noche del hotel Statler, en Nueva York, y estuve a su lado casi de inmediato después de su caída. Trató de decir algo, pero sus palabras eran ininteligibles. Mandaron llamar a un sacerdote, que le administró la extremaunción.

Aunque tengo 36 años de experiencia en el sector de la hostelería y he presenciado innumerables incidentes desafortunados, la muerte de su marido me afectó en gran medida, debido a las insólitas circunstancias que usted ya conoce.

Si puedo ayudarla en algo, por favor, no dude en hacérmelo saber.

Mis más sinceras condolencias a usted y su familia.

Atentamente,

ARMOND D. PASTORE
Gerente general

Los Olson telefonearon a Armond Pastore para darle las gracias por su carta, y fue entonces cuando Pastore les refirió lo sucedido después de que Frank muriese en sus brazos en la calle a las dos de la madrugada.

Dijo que regresó al hotel para hablar con la operadora de la centralita del hotel. Le preguntó si se habían efectuado llamadas desde la habitación de Frank Olson. Ella respondió que sólo una, y que la había escuchado. Había sido muy breve. Y se había realizado inmediatamente después de que Olson saltase por la ventana.

—Bueno, ya se ha ido.

—Qué lástima —había respondido la voz al otro lado de la línea.

Y acto seguido, ambos habían colgado.

15

¡Llegar a Harold's Club o reventar!

Eric Olson tiene una piscina en su jardín trasero, uno de los pocos elementos añadidos a la casa desde 1953. Un caluroso día de agosto, Eric, su hermano Nils, el hijo de Eric, que normalmente vive en Suecia, la esposa e hijos de Nils y yo estábamos tomando el sol junto a la piscina cuando una camioneta recubierta de dibujos de globos para fiestas —de la empresa Capital Party Rentals— se detuvo frente a su casa para descargar cien sillas de plástico.

—¡Eh! —gritó Eric—. ¡Sillas de colores!

—¿Quiere las sillas de colores? —preguntó el conductor.

—Qué va —repuso Eric—. No me parece apropiado. Me quedo con las grises.

Eric había sacado de la casa un radiocasete portátil y lo había instalado al lado de la piscina. Sintonizó el programa *All Things Considered* de la radio pública nacional porque el legendario periodista Daniel Schorr iba a hablar sobre él. Daniel Schorr era el primer hombre que había entrevistado a Jruschov, había ganado tres premios Emmy por su cobertura del caso Watergate, y ahora iba a dirigir su atención hacia Eric.

Su crónica dio comienzo.

... Eric Olson está dispuesto a declarar mañana en una conferencia de prensa que la historia de un salto suicida no tiene sentido...

Eric se reclinó sobre la valla de alambre que rodeaba la piscina y les sonrió a sus amigos y familiares, que escuchaban atentamente el programa.

... y que alguien asesinó a su padre para impedir que desvelara las actividades letales en las que se había visto implicado, los proyectos cuyos nombres en clave eran Artichoke y MK-ULTRA. Hoy, un portavoz de la CIA ha dicho que ninguna investigación del caso Olson realizada por los poderes ejecutivo y legislativo ha aportado pruebas de homicidio. La cuestión es que el gobierno guarda tan celosamente sus secretos que tal vez nunca lleguemos a saber toda la verdad...

Eric dio un respingo.

—No vayas por ese camino, Dan —farfulló para sí—. No vayas por ahí.

... Les habla Daniel Schorr...

—No sigas por ahí, Dan —dijo Eric.

Se volvió hacia los demás, que estábamos sentados junto a la piscina. Todos nos quedamos callados.

—¿Lo veis? —dijo Eric—. Eso es lo que pretendían.

«Tal vez nunca lleguemos a saber toda la verdad.» Y con eso se consuelan. Gilipolleces. ¡Gilipolleces! «Oh, podría ser esto, podría ser aquello, y en la CIA todo es como una sala de espejos... Hay muchos niveles... Nunca puedes llegar hasta el fondo...» Cuando la gente sale con esas cosas, lo que en realidad está diciendo es: «Nos sentimos cómodos con esto, porque no queremos conocer la verdad.» Es como lo que siempre me decía mi madre: «Nunca sabrás lo que ocurrió en esa habitación de hotel.» Pues bien, algo ocurrió en esa habitación, y no es imposible llegar a saberlo.

De pronto, Eric tiene sesenta años. Han transcurrido las décadas, y él ha dedicado todo ese tiempo a investigar la muerte de su padre. Un día le pregunté si se arrepentía, y él me contestó: «No pasa un solo día sin que me arrepienta.»

Ya bastante duro había sido para Eric encajar todas las piezas del rompecabezas, pues los datos estaban enterrados en documentos clasificados, o en documentos desclasificados pero censurados con rotulador negro grueso o de formas aún peores. En una reunión que tuvo con Eric, Sidney Gottlieb reconoció que, justo antes de jubilarse, había destruido los archivos del proyecto MK-ULTRA. Cuando Eric le preguntó por qué, Gottlieb le explicó que su «sensibilidad ecológica» lo había llevado a tomar conciencia de los peligros de la «acumulación excesiva de papel».

Gottlieb añadió que en realidad daba igual que los documentos hubiesen desaparecido, pues no eran más que basura de todos modos. Todos los experimentos MK-ULTRA resultaron inútiles, le aseguró a Eric. Habían quedado en agua de borrajas. Cuando se despidió de Gottlieb, Eric comprendió que lo había vencido un cerebro privilegiado.

«Qué tapadera tan ingeniosa —pensó—. En una sociedad obsesionada con el éxito como la nuestra, ¿cuál es la mejor alfombra bajo la que esconder algo? La alfombra llamada fracaso.»

De modo que la mayor parte de esa información sólo se conservaba en la memoria de personas que no estaban dispuestas a hablar. Aun así, Eric había elaborado una hipótesis tanto o más verosímil que la historia del suicidio por consumo de LSD.

Recopilar los datos ha sido muy complicado, pero ha habido algo incluso peor.

—La vieja historia es de lo más divertida —me dijo Eric—. ¿Por qué querría alguien sustituirla por una más sosa? ¿Lo ves? La persona que determina el tono de la historia es quien la controla desde el principio. Es muy difícil para la gente cambiar el chip cuando tiene muy interiorizada la versión de los hechos que le han contado.

—Tu nueva versión no es tan divertida —convine.

—Ya no es una historia alegre que te hace sentir bien —dijo Eric—. Y no es que a mí me guste más que al resto de la gente. Es duro aceptar que tu padre no se suicidó ni murió a causa de una negligencia tras un experimento con drogas, sino porque lo mataron. Es una sensación distinta.

En las raras ocasiones en que Eric logra convencer a un periodista de que la CIA asesinó a su padre, esta revelación no provoca precisamente espanto, lo que es muy frustrante para él. Un escritor declinó la invitación de Eric a su conferencia de prensa arguyendo que: «Ya sabemos que la CIA mata gente. Eso no es noticia.»

En realidad, según me contó Eric, sería la primera vez que alguien acusara públicamente a la CIA de asesinar a un ciudadano estadounidense.

—La gente tiene el cerebro tan lavado por la ficción —me dijo mientras nos dirigíamos en coche al establecimiento de reprografía Kinko's de la localidad para recoger las notas de prensa para la conferencia—, por el rollo Tom Clancy, que piensan: «Ya lo sabemos. Sabemos que la CIA hace estas cosas.» Lo cierto es que no sabemos nada de esto. No existen precedentes, pero toda esta ficción inmuniza contra la realidad. Le hace creer a la gente que sabe cosas que no sabe y le permite envolverse en una especie de sofisticación y un cinismo superficiales más allá de los cuales no son cínicos en absoluto.

No es que la opinión pública no esté interesada: es que no está interesada por los motivos adecuados. No hace mucho, un director de teatro le pidió permiso a Eric para convertir la historia de Frank Olson en «una ópera sobre la defenestración», pero Eric se negó, argumentando que era un relato demasiado complejo como para encima cantárselo al público. La conferencia de prensa del día siguiente sería sin duda la última oportunidad de Eric para convencer al mundo de que su padre no era un suicida colocado con LSD.

Había muchas maneras posibles en que Eric podía contar su versión de la historia durante la conferencia de prensa. Era imposible —para él y para cualquiera— saber cómo referirla del modo más coherente y a la vez ameno. Su versión no sólo era más sosa, sino también intrincada hasta la exasperación. Había tanta información que asimilar, que el público acabaría por aburrirse.

En realidad, la historia empieza con la aseveración hecha por el director de la CIA Allen Dulles ante sus alumnos de Princeton en 1953.

«La guerra mental es el gran campo de batalla de la guerra fría, y tenemos que hacer todo lo necesario para ganarla.»

Antes de que Jim Channon, el general Stubblebine y el coronel Alexander entrasen en escena, estaba Allen Dulles, el primer gran introductor de ideas no convencionales en el campo de la inteligencia estadounidense. Era muy amigo de la familia Bush (había sido su abogado), un patriarca que fumaba en pipa y que creía que la CIA debía ser como una universidad de elite, que debía sustentarse no sólo en la labor de los agentes, sino también de científicos, investigadores y de todo aquel a quien se le ocurriese algo nuevo. Fue Dulles quien trasladó la sede de la CIA del centro de Washington a las afueras de Langley, Virginia (actualmente se llama Centro de Inteligencia George Bush), porque quería crear un entorno no urbano, propicio a la reflexión, como un campus universitario. Fue Dulles quien envió a agentes secretos de la CIA a los barrios residenciales de los alrededores de las ciudades estadounidenses en las décadas de 1950 y 1960, con la misión de infiltrarse en las sesiones de espiritismo, a fin de descubrir y reclutar a los mejores videntes para que combatiesen en su guerra mental. Así nació la relación entre los servicios de inteligencia y el mundo psíquico. Pero fue el general Stubblebine quien, inspirado por el Primer Batallón de la Tierra, proclamó a la generación siguiente que todo el mundo podía ser un gran parapsicólogo, con lo que abrió las puertas del programa de par en par, lo que permitió al comandante Ed Dames incorporarse a él y posteriormente revelar los secretos de la unidad en la emisión de Art Bell, con lo que destapó la caja de los truenos, y treinta y nueve personas de San Diego, sin intervención alguna del personal militar implicado, se suicidaron con la esperanza de que el «acompañante» del *Hale-Bopp* avistado por Prudence y Courtney se los llevara.

Allen Dulles puso a Sidney Gottlieb al cargo del programa psíquico emergente, de MK-ULTRA, y más tarde, de un tercer proyecto secreto de guerra mental conocido como Artichoke.*

Artichoke es el programa que no resulta divertido.

Documentos desclasificados recientemente indican que Artichoke consistía en inventar métodos nuevos, descabellados, brutales, violentos y a menudo letales para interrogar a la gente.

Frank Olson no era sólo un científico civil que manipulaba sustancias químicas en Fort Detrick. Era también un hombre de la CIA. Trabajaba en el proyecto Artichoke. Por eso había estado en Europa durante unos meses poco antes de morir y había imágenes de él sentado en terrazas de cafés en compañía de unos hombres con abrigo y sombrero de fieltro. Habían viajado allí por asuntos relacionados con Artichoke. El padre de Eric era —no hay una manera suave de decirlo— un pionero en tortura o, como mínimo, el ayudante de un pionero en tortura. Artichoke fue el Primer Batallón de la Tierra de la tortura: un grupo de personas de ideas afines, innovadoras y poco convencionales que concebían toda clase de sistemas ingeniosos para arrancarle información a la gente.

Un ejemplo: según un documento de la CIA fechado el 26 de abril de 1952, los hombres de Artichoke «hacían

* El nombre del proyecto es un juego de palabras: *artichoke* significa «alcachofa», pero es también una combinación de *art* («arte») y *choke* («estrangular»). *(N. del T.)*

uso de la heroína de forma rutinaria» porque habían concluido que esta sustancia, entre otras, «puede resultar útil de manera inversa por la tensión que provoca la abstinencia en los adictos a su consumo».

Éste es el motivo, según ha averiguado Eric, por el que fue reclutado para el proyecto Artichoke. Era el único de los interrogadores que sabía cómo administrar drogas y sustancias químicas.

Años después, en 2004, este método de interrogación basado en el mono y creado por Artichoke vuelve a utilizarse. Mark Bowden, autor de *Black Hawk derribado*, entrevistó a varios interrogadores de la CIA para la edición de octubre de 2003 de *Atlantic Monthly*, y ésta es su reconstrucción de los hechos:

Un día que tal vez fue el primero de marzo [de 2003], el conocido terrorista Jalid Sheij Mohamed despertó bruscamente debido a la irrupción de un comando de pakistaníes y estadounidenses... Era la captura más importante que se había conseguido hasta entonces en la guerra contra el terrorismo. Se cree que Sheij Mohamed es el cerebro de dos atentados contra el World Trade Center: el que fracasó en 1993 y el que tuvo un éxito tan catastrófico ocho años después... Lo llevaron en avión a un «lugar no revelado» (sitio al que la CIA llama «hotel California»), presumiblemente unas instalaciones en otro país que presta su colaboración, o tal vez una cárcel de diseño especial a bordo de un portaaviones.

No importa mucho dónde, pues el sitio no le habría resultado familiar o identificable de todos modos. El lugar y el tiempo, las amarras de la cordura, estaban a punto de soltarse. Era como si él entrase en una nueva dimensión, en un mundo nuevo y extraño en el que todos y cada uno de sus movimientos palabras y sensaciones serían observados y medidos; donde las cosas quizás eran lo que parecían y quizá no; donde no habría noche ni día, ni un horario regular para comer, beber, dormir y despertar; donde el calor y el frío, lo mojado y lo seco, lo limpio y lo sucio, la verdad y la mentira estarían embarullados y deformados.

El espacio estaba lleno a todas horas de luces y sonidos desagradables. Los interrogatorios eran intensos; a veces ruidosos y brutales, a veces tranquilos y apacibles, sin motivo aparente. La sesión podía prolongarse durante días en los que los interrogadores se turnaban, o podía durar sólo unos minutos. En ocasiones le daban alguna droga para vencer su resistencia a hablar. A veces se las administraban subrepticiamente con la bebida o los alimentos, y esto, en sus penosas condiciones de vida, tal vez incluso le ofrecía un breve período de alivio y placer, lo que generó una categoría de ansia totalmente nueva y les proporcionó un nuevo instrumento de presión a sus interrogadores.

Obsérvese cómo en esta interpretación, unos elementos del Primer Batallón de la Tierra de Jim Channon («luces y sonidos desagradables») encajan como piezas de un rompecabezas con elementos del Artichoke de Frank Olson («una categoría de ansia totalmente nueva»).

La víspera de la conferencia de prensa de Eric, él y yo vimos viejas películas en ocho milímetros de su padre jugando en el jardín con sus hijos. En la pantalla, Frank iba haciendo eses en una bicicleta vieja, con Eric, que entonces era muy pequeño, sentado en el manillar. Eric contemplaba la filmación con una sonrisa.

—Ahí está mi padre —señaló—. Justo ahí. Ése era él. Comparado con los otros tipos de la CIA, tenía un rostro sincero. Em... —Hizo una pausa—. En esencia, ésta es la historia de un hombre que tenía un código moral sencillo y una visión ingenua del mundo. No era ante todo un militar. Y desde luego no estuvo implicado en «interrogatorios mortales». Atravesaba una crisis moral, pero estaba metido hasta las cachas y no podían dejarlo salir.

Continuamos mirando la película casera. Al poco rato, Eric dijo:

—Imagínate lo diferente que sería la situación si él viviera para contar lo sucedido. ¡Ja! La historia de muchas cosas sería totalmente distinta. Su expresión deja traslucir mucho de lo que estaba pasando. La mayoría de los otros tipos tenía un semblante tenso, impenetrable. Él no... —La voz de Eric se apagó.

En cierto momento de su investigación, Eric se puso en contacto con el periodista británico Gordon Thomas, que ha escrito varios libros relacionados con los servicios secretos. A través de Thomas, Eric se enteró de que, durante un viaje a Londres en el verano de 1953, su padre le hizo una serie de confidencias a William Sargant, un especialista en psiquiatría que asesoraba a la inteligencia británica sobre técnicas de lavado de cerebro.

Según Thomas, Frank Olson le contó a Sargant que había visitado las instalaciones de investigación conjuntas de Estados Unidos y el Reino Unido cercanas a Francfort, donde la CIA estaba probando sueros de la verdad en individuos «prescindibles», agentes rusos y ex nazis capturados. Olson le confesó a Sargant que había presenciado algo terrible, posiblemente «un experimento letal» con uno o más prescindibles. Sargant escuchó todo el relato de Olson y después le comunicó a la inteligencia británica que los recelos del científico estadounidense lo convertían en un riesgo para la seguridad. Recomendó que en adelante a Olson se le denegara el acceso a Porton Down, el laboratorio británico de investigación en armas químicas.

Cuando Eric se enteró de esto, se lo dijo a Michael Ignatieff, un escritor amigo suyo, que publicó un artículo sobre el asunto en el *New York Times*. Una semana después, Eric recibió la llamada que llevaba esperando toda su vida. Era un auténtico Harold hijo, uno de los mejores camaradas de su padre en Detrick, un hombre que conocía toda la historia y que estaba dispuesto a contársela a Eric.

Se llamaba Norman Cournoyer.

Eric pasó un fin de semana en casa de Norman en Connecticut. Revelarle los secretos que guardaba desde hacía tantos años resultó tan angustioso para Norman que tuvo que excusarse varias veces para irse a vomitar al baño.

Norman le confirmó a Eric que la historia sobre Artichoke era cierta. Frank le había dicho que «les daba igual si la gente salía o no con vida. Podían sobrevivir o no. Podían acabar muertos».

—Norman no quiso entrar en detalles sobre lo que esto significaba —dijo Eric—, pero dejó claro que no se trataba de algo agradable. Tortura extrema, uso extremo de drogas, tensión extrema.

Norman le contó que su padre estaba profundamente horrorizado ante el rumbo que había tomado su vida. Vio morir a gente en Europa; incluso es posible que tuviese que ver con su muerte. Cuando regresó a Estados Unidos estaba resuelto a revelar lo que había visto. Frente a las puertas de Fort Detrick había las veinticuatro horas del día un contingente de cuáqueros que se manifestaban por la paz. Frank solía acercarse a charlar con ellos, lo que consternaba a sus colegas. Una vez le preguntó a Norman: «¿Conoces a algún buen periodista con quien pueda hablar?»

Así pues, dijo Eric, echar LSD en el Cointreau de su padre en Deep Creek Lodge no fue un experimento que salió mal: se trataba de conseguir que hablara mientras sufría alucinaciones. Y Frank no pasó la prueba. Les desveló sus intenciones a Gottlieb y a los demás hombres de MK-ULTRA que se encontraban presentes. Ése fue el «terrible error» que había cometido. La película *Martin Luther* que había visto la noche del domingo había reforzado su determinación de dejar su empleo. «No puedo hacer otra cosa. Ésta es mi postura.»

El lunes por la mañana, en efecto, Frank presentó su dimisión, pero sus compañeros lo persuadieron de que buscase ayuda psicológica en Nueva York.

Hay documentos que indican que Frank no fue a ver a ningún psiquiatra en Nueva York. En cambio, el ayudante de Gottlieb lo llevó al despacho del ex mago de Broadway John Mulholland, quien probablemente lo hipnotizó, y con toda seguridad Frank tampoco pasó esa prueba.

Alojar a un hombre posiblemente trastornado y desesperado en una habitación de hotel varios metros por encima de la Séptima Avenida ya no parecía una lamentable equivocación. Parecía el preludio de un asesinato.

Cuando Eric consiguió que exhumasen los restos de su padre en 1994, el patólogo, James Starrs, encontró un agujero en la cabeza de Frank que, según sus conclusiones, había sido causado por un culatazo y no por una caída desde un noveno piso.

—Bueno, ya se ha ido —había dicho la voz del segundo de Sidney Gottlieb, Robert Lashbrook.

—Qué lástima —había sido la respuesta.

Y a continuación ambos habían colgado.

Cerca de cuarenta periodistas asistieron a la conferencia de prensa de Eric; equipos de todas las cadenas y de muchos de los periódicos importantes. Eric había decidido —en aras de la claridad— narrar lo sucedido principalmente a través del relato de su fin de semana con Norman Cournoyer. Recalcó repetidas veces que ya no se trataba de una historia familiar, sino de la historia de lo que había pasado en Estados Unidos en los años cincuenta y el modo en que todo eso repercutía sobre la actualidad.

—¿Dónde están las pruebas? —preguntó Julia Robb, reportera del *Frederick News Post*, el periódico de la localidad de Eric, una vez que él terminó su exposición—. ¿Todo esto se basa en la palabra de un solo hombre, el amigo de su padre?

Julia miró en derredor, para subrayar el hecho de que el tal Norman Cournoyer ni siquiera se había presentado.

—No —contestó Eric, con aire exasperado—. Como ya he intentado decirles, se basa conceptualmente en la idea de que en esta historia hay dos vectores que sólo se intersecan en un punto.

Se produjo un silencio preñado de desconcierto.

—¿Lo mueven cuestiones ideológicas? —preguntó el hombre de *Fox News*.

—Sólo el deseo de conocer la verdad —suspiró Eric.

Más tarde, mientras los periodistas revoloteaban en torno a las mesas del bufé, la conversación entre los Olson y sus amigos derivó hacia Julia Robb, reportera del

Frederick News Post. Alguien comentó que le parecía vergonzoso que la periodista más hostil fuese precisamente la que representaba el periódico del lugar donde vivían Eric y Nils.

—Sí, tienes razón —dijo Nils—. Es algo que me duele. Yo ejerzo mi profesión en esta ciudad. Trato a la gente del lugar como dentista, y veo a diario a personas que leen la prensa local, y eso me afecta.

Nils dirigió la mirada a Eric, que estaba al otro lado del jardín diciéndole algo a Julia, aunque no alcanzó a distinguir sus palabras.

—A veces pasas por una fase en la que crees que, en efecto, la historia no es más que una sarta de tonterías, y que en realidad él se suicidó por el LSD —Nils volvió la vista hacia Julia—, y eso te mete en una espiral de humillación. Es como cuando a las tres de la madrugada, cuando intentas dormir, te asalta un pensamiento negativo que te lleva a otro y así sucesivamente hasta que la cosa se te va de las manos y tienes que sacudir la cabeza o encender la luz para recuperar la noción de la realidad.

Eric y Julia se habían puesto a discutir. Ella le dijo algo a él y acto seguido se alejó en dirección a su coche. (Más tarde Eric me contó que Julia parecía «indignada, como si toda aquella historia la enfureciese de una manera profunda que ella era incapaz de expresar con palabras».)

—Lo que quiero decir —prosiguió Nils— es que los estadounidenses queremos pensar que en esencia somos buenos, que fundamentalmente hacemos lo correcto y que tenemos una enorme responsabilidad para con el mundo libre. Por eso nos incomoda abordar estos temas, porque si Estados Unidos tiene un lado oscuro, eso hace que se tambalee la visión que tenemos de nuestro país y entonces pensamos: «Caray, si retiro este puntal de la conciencia norteamericana, ¿se vendrá todo abajo como un castillo de naipes? ¿De verdad se trata de una amenaza para la base sobre la que se sustenta Estados Unidos?»

Nos acercamos a la piscina a paso tranquilo y, al cabo de una hora, Eric se unió a nosotros. Había estado hablando por teléfono, dentro de la casa. Salió riéndose.

—¿Queréis saber la última?

—Ponme al día —le pidió Nils—. Me muero de ganas de oírlo.

—Julia ha llamado a Norman —dijo Eric—. Acabo de telefonearla, y me ha dicho: «Eric, me alegra que hayas llamado. He hablado con Norman hace un momento. Dice que no tiene ningún motivo para creer que la CIA quería matar a Frank Olson.» Le he dicho: «Julia, gracias por respetar mi voluntad de dejar en paz a Norman.» «Eric, soy periodista», me ha contestado. «Tengo que buscar la noticia allí donde esté.»

Eric se rio, pero fue el único.

Así que subí al coche y conduje hasta la casa de Norman Cournoyer, en Connecticut. Enterarme de la conversación telefónica entre Julia Robb y Norman me había dejado de piedra. ¿Había juzgado mal a Eric? ¿Era más fantasioso de lo que yo creía?

Norman vive en una casa blanca de una planta en una calle de lujo en un barrio residencial. Su esposa me abrió la puerta y me guió hasta el salón, donde Norman me esperaba. Señaló la mesa.

—He desempolvado algunas fotografías viejas para usted —dijo.

En ellas aparecían Norman y Frank Olson, cogidos

del brazo, en alguna parte de Fort Detrick, hacia 1953.

—¿Le dijo usted a la periodista del *Frederick News Post* que no tiene pruebas que indiquen que la CIA asesinó a Frank? —pregunté.

—Sí —respondió él.

—¿Por qué?

—¿Por teléfono? —dijo Norman—. Creo que un periodista comete un grave error si intenta conseguir declaraciones de alguien por teléfono.

—¿O sea que usted sí cree que Frank fue asesinado? —inquirí.

—Estoy convencido de ello —afirmó Norman.

Y a continuación me contó algo que no le había revelado a Eric.

—Vi a Frank después de que le dieran LSD —dijo—. Hicimos bromas al respecto.

—¿Qué dijo él? —quise saber.

—Dijo: «Intentan averiguar qué clase de tipo soy. Si me voy de la lengua o no.»

—¿Hicieron bromas sobre ello? —dije.

—Hicimos bromas porque el LSD no le hizo efecto.

—¿No flipó para nada?

—Qué va —dijo Norman—. Se reía de ello. Comentó: «Se están poniendo muy, muy nerviosos por lo que creen que soy capaz de hacer.» Realmente creía que lo habían elegido a él porque temían que divulgase los secretos.

—¿Iba a hablar con un periodista? —pregunté.

—Estuvo a punto, tanto que no tuvo maldita la gracia.

—¿Cuando regresó de Europa se le veía muy angustiado? —dije.

—Sí —contestó Norman—. Hablé con él una semana o diez días después de que volviese. Le dije: «¿Qué te ha pasado, Frank? Parece que se te haya caído el alma a los pies.» «Ya ves», dijo. La verdad es que ya no me acordaba de esto. Me dijo... —De pronto, Norman se quedó callado—. No quiero pasar de aquí —dijo al fin—. Hay cosas de las que prefiero no hablar. —Miró por la ventana—. Los hechos hablan por sí mismos.

Eric abrigaba la esperanza de que su conferencia de prensa sirviese al menos para cambiar el lenguaje que los medios empleaban para informar sobre el tema. En el mejor de los casos, algún periodista audaz asumiría el reto y encontraría la prueba concluyente de que habían empujado a Frank Olson por la ventana.

Sin embargo, en los días que siguieron a la conferencia de prensa, quedó claro que todos los periodistas habían decidido darle más o menos el mismo tratamiento a la noticia.

La búsqueda de Eric por fin había «concluido».

Sus heridas iban a «cicatrizar».

Había «dejado de hurgar en su misterio».

Ahora podría «pasar página».

Tal vez «nunca sabríamos» qué le había ocurrido en realidad a Frank Olson, pero lo importante era que la búsqueda de Eric había «concluido».

Aquella historia volvía a ser divertida.

16

La retirada

27 DE JUNIO DE 2004

Jim Channon me envía por fax su plan estratégico para
la retirada de Iraq. Es el mismo documento que le mandó
al jefe del estado mayor del ejército, el general Pete Schoomaker, después de que Donald Rumsfeld le pidiera a éste
que incorporase mentes «creativas» al equipo.

El texto empieza así:

Cuando nos marchamos de Vietnam, fue con el
rabo entre las piernas. Fue una retirada indecorosa.
Para los ojos del mundo, los últimos momentos son
tan significativos como los primeros.

LA SOLUCIÓN DEL PRIMER BATALLÓN
DE LA TIERRA

1. Una ceremonia emocionante y conmovedora [en la
   que participen] madres, hijos, maestros, soldados,
   enfermeras y médicos de ambos bandos. Puede se-

leccionarse a algunos niños para que sean portadores de las condecoraciones (medallas, trofeos, estatuillas) y muestras de aprecio y agradecimiento hacia los [soldados estadounidenses e iraquíes] homenajeados.

2. Los entornos ceremoniales que diseñamos son en sí mismos un regalo para el futuro de Iraq. Recomendamos que se construya una hermosa aldea global como marco. Sería un escaparate de los tipos de energía alternativa, servicios sanitarios y tecnología agrícola más apropiados para esta parte del mundo.

3. [La ceremonia incluirá la entrega de] obsequios de otras partes del mundo. Habrá presentes intérpretes de la ONU que explicarán el significado de dichos obsequios. Una persona anciana y otra adolescente podrían disertar sobre la promesa de cooperación.

29 DE JUNIO DE 2004

Hoy las fuerzas de la Coalición transfieren la soberanía al gobierno iraquí. Salta a la vista que el organizador de la ceremonia, sea quien sea, optó por no poner en práctica las ideas de Jim:

Tras kilómetros plateados de flamante alambre de espino, tras muros de hormigón más inexpugnables que casi todas las fortificaciones medievales, tras sacos terreros, cinco controles de seguridad, vehículos acorazados estadounidenses, soldados acorazados estadounidenses, fuerzas especiales de varios países y guardias de seguridad privados, un burócrata norte-americano le entregó un papel a un juez iraquí, subió a un helicóptero y se marchó del país.

Lo primero que vieron los periodistas cuando salieron del auditorio banal donde los miembros del nuevo gobierno iraquí habían jurado su cargo fue dos helicópteros Apache estadounidenses que volaban bajo, dando vueltas en el tórrido cielo.

A causa del miedo a los atentados con bomba, el acto revistió la misma solemnidad que una reunión de despedida en una oficina. Sólo duró 20 minutos.

JAMES MEEK, *Guardian*

Podría considerarse que éste ha sido un libro sobre la relación cambiante entre las ideas de Jim Channon y el ejército en su conjunto. A veces da la impresión de que el ejército es como un país, y que Jim es como una aldea perdida, como Glastonbury, apreciada pero ignorada. Otras veces, Jim parece ocupar el centro de todo.

Tal vez lo que sucedió fue lo siguiente: a finales de la década de 1970, Jim, traumatizado por su experiencia en Vietnam, buscó consuelo en el movimiento para el desarrollo del potencial humano que estaba gestándose en California. Introdujo en el ejército estas ideas, que sedujeron a algunos altos mandos que nunca se habían considerado seguidores de la Nueva Era pero que, en medio de la histeria post-Vietnam, estimaron que aquello tenía mucho sentido.

Sin embargo, en las décadas que siguieron, el ejército, en virtud de su propia naturaleza, recuperó su fuerza y descubrió que algunas de las ideas expuestas en el manual de Jim podían utilizarse para doblegar a las personas en vez de para sanarlas. Dichas ideas son las que perviven en la guerra contra el terrorismo.

Tal vez Paul Bremer, el «burócrata» citado en el artículo del *Guardian*, se haya marchado hoy del país, pero ha dejado en Iraq a 160.000 soldados, estadounidenses en su inmensa mayoría. Según los gabinetes estratégicos Institute for Policy Studies y Foreign Policy in Focus, el 52 por ciento de esos soldados americanos tiene la moral baja, el 15 por ciento presenta síntomas de estrés traumático, el 7,3 por ciento, de ansiedad, y el 6,9 por ciento, de depresión. La tasa de suicidios entre los militares estadounidenses ha aumentado de un promedio de 11,9 por cada 100.000 en un período de ocho años a 15,6 por cada 100.000.

Un total de 952 soldados de la Coalición han muerto desde el inicio de la guerra; 836 eran estadounidenses. Unos 5.134 han resultado heridos. Los hospitales militares han registrado un aumento pronunciado en el número de amputaciones, merced a un diseño «mejorado» de un traje que protege los órganos vitales pero no las extremidades.

Entre 9.436 y 11.317 civiles iraquíes han perdido la vida y 40.000 han sufrido heridas como consecuencia de la invasión estadounidense y la ocupación subsiguiente. Estas cifras son menos precisas porque en realidad nadie ha llevado la cuenta.

El 80 por ciento de los iraquíes afirma «no confiar en absoluto» ni en las autoridades civiles estadounidenses ni en las tropas de la Coalición, en parte, supongo, por las fotos que mostraban en todo detalle los métodos de interrogación empleados por la inteligencia militar en Abu Ghraib.

He recibido una llamada de lo más extraña. Era de alguien sobre quien he escrito en este libro, de un hombre que aún trabaja para las fuerzas armadas de Estados Unidos. He estado a punto de dejar fuera de estas páginas lo que me ha contado porque es totalmente disparatado e imposible de demostrar. Pero, por otro lado, parece verosímil. Me dijo que me revelaría el secreto con la condición de que yo no mencionase su nombre.

Antes de repetir lo que me dijo, quiero explicar por qué me parece verosímil.

En primer lugar, que algo sea disparatado nunca ha sido un impedimento para ellos.

Una vez le pregunté al coronel Alexander si se había producido algún tipo de resurgimiento del MK-ULTRA después del 11-S.

—No me refiero necesariamente al LSD —aclaré—, sino a cualquier variación del MK-ULTRA que utilice armas no letales. Pongamos por ejemplo la historia del radiocasete portátil de Guantánamo. La explicación más probable es que le estaban haciendo escuchar algún sonido que alteraba la mente oculto entre los acordes de Fleetwood Mac.

—Eso que dice usted es ridículo —contestó.

Tenía razón. Lo que le estaba diciendo era tan ridículo como cuando les preguntaba a los amigos de Michael Echanis si tenían conocimiento de que él había intentado «influir en animales de granja a distancia». Sin embargo, ésas eran las cartas con que me había tocado jugar.

(No hay que olvidar que los chalados no siempre están en la superficie. A veces están ocultos en lo más profundo. Ni al más imaginativo de los aficionados a las teorías de la conspiración se le habría ocurrido la idea de un equipo de elite integrado por soldados de las Fuerzas

Especiales y generales de división que intentase en secreto atravesar paredes y matar cabras con la mirada.)

—Escúcheme —farfulló el coronel Alexander, irritado—. Nadie que haya sobrellevado el trauma de MK-ULTRA [se refería al trauma sufrido por los agentes, el trauma de verse descubiertos, no al trauma que sufrieron los Olson] volvería a implicarse en algo así. Nadie que haya soportado todas aquellas comparecencias ante comisiones parlamentarias, aquella reacción de la prensa... —Hizo una pausa y añadió—: Sí, claro, algunos chavales del servicio de inteligencia que lo han leído todo acerca de MK-ULTRA piensan: «Vaya, eso debió de molar. ¿Por qué no volvemos a intentarlo?» Pero ningún oficial al mando está dispuesto a reactivar ese programa.

Naturalmente, que en la inteligencia militar haya jóvenes entusiastas que piensen «eso debe de molar» es justo lo que hace falta para que un proyecto como ése llegue a cobrar vida. Así ha ocurrido en el pasado.

La otra razón por la que el secreto me parece verosímil guarda relación con el misterio de por qué el comandante Ed Dames decidió revelar en el programa de Art Bell la existencia de la unidad de espías psíquicos. Cuando le pregunté al comandante Dames en Maui qué lo había movido a hacer eso, se encogió de hombros y respondió, con la mirada perdida en la distancia: «No tuve un motivo. Ningún motivo.»

No obstante, la manera en que lo dijo me llevó a creer que sí tenía un motivo oculto y muy lógico. En aquel entonces atribuí la media sonrisa enigmática de Ed a su bien conocida tendencia a envolverse en un halo de misterio para hacerse el interesante.

Mucha gente culpó a Ed de la disolución de la unidad, y algunos se olieron una conspiración. Lyn Buchanan, ex colega parapsicólogo de Ed, me confesó una vez que había llegado a creer que existía otra unidad psíquica aún más secreta, seguramente con unas oficinas más glamurosas que las suyas, y que se había descorrido la cortina que tapaba su unidad con el fin de desviar la atención y apartarla de ese otro misterioso equipo psíquico. Lo que Lyn estaba insinuando era que algún conciliábulo de peces gordos le había ordenado a Ed que desvelase esos secretos.

En ese momento no di mucho crédito a esta hipótesis. Con frecuencia he comprobado que las personas que están en el centro de supuestas conspiraciones suelen tener sus propias teorías de la conspiración. (Recuerdo que en cierta ocasión hablé con un masón de alto grado de la sede de Washington. Me dijo: «Por supuesto, es sencillamente absurdo pensar que los masones controlan el mundo en secreto, pero le diré quién controla probablemente el mundo en secreto: la Comisión Trilateral.») Catalogué la insinuación de Lyn como una muestra más de esa peculiar faceta del mundo de las conspiraciones.

Pero ahora no estoy tan seguro.

Después de que Lyn Buchanan me expusiera su teoría, le escribí un mensaje de correo electrónico a Skip Atwater, el ex cazador de talentos psíquicos extremadamente sensato de Fort Meade. Skip había trabajado estrechamente con la unidad, en un puesto administrativo, entre 1977 y 1987. En mi mensaje le pregunté si había algo de cierto en lo que Lyn había dicho.

Me respondió lo siguiente:

Es cierto que si a la CIA le hiciesen preguntas sobre el uso de la visión a distancia, los poderes paranormales o lo que sea, podría contestar algo así como: «Se

instituyó un programa, pero ya está cancelado.» Y
sería verdad, pero una media verdad. Por razones de
seguridad no puedo proporcionarle más detalles sobre
programas ajenos [a Fort Meade]. Sin embargo, supongo que, desde la época en que yo tenía acceso a esa
información, esas actividades han cambiado ligeramente de rumbo y ahora se centran sobre todo en la
lucha contra el terrorismo. Por motivos de gestión de
seguridad, lo habitual sería... Bueno, tal vez más vale
que lo deje en este punto.

Y así terminaba el mensaje de Skip.

Sé que casi todos los ex espías psíquicos de la vieja
unidad de Fort Meade recibieron una llamada telefónica
de los servicios de inteligencia durante las semanas que
siguieron al 11-S. Les dijeron que si tenían visiones psíquicas de futuros atentados terroristas, no dudaran en
informar a las autoridades.

Este llamamiento tuvo una respuesta multitudinaria.
A Ed Dames lo asaltó una visión terrible de un barco de
Al-Qaeda cargado de explosivos que colisionaba con un
submarino nuclear en el puerto de San Diego.

—Sabía que la gente de Bin Laden era astuta —me
dijo Ed cuando me habló de su visión—, pero no sabía
hasta qué punto.

Ed informó de su descubrimiento a la guardia coste-
ra de California.

Ron telefoneó a Uri Geller, pero eso es lo único que sé
de uno y de otro.

Las comunidades de inteligencia también se habían
puesto en contacto con varios expertos en visión a distancia de segunda generación (espías psíquicos a quienes algún miembro de la unidad de Fort Meade les había ense-

ñado la profesión y que más tarde habían abierto sus propias academias) a raíz del 11-S. Uno de ellos, una mujer llamada Angela Thompson, tuvo una visión de hongos atómicos que se elevaban sobre Denver, Seattle y Florida. Asistí a una reunión de ex parapsicólogos militares en el hotel Doubletree de Austin, Tejas, en la primavera de 2002, en la que Angela describió la imagen de hongos atómicos que le había sido revelada. La sala de conferencias estaba repleta de espías psíquicos y agentes de inteligencia retirados. Cuando las palabras «hongos atómicos sobre Denver, Seattle y Florida» salieron de la boca de Angela, todos los presentes ahogaron un grito.

Prudence Calabrese se encontraba allí. Al parecer el asunto del suicidio en masa de las Puertas del Cielo había quedado olvidado, pues el FBI la llamó a finales de septiembre de 2001 para pedirle que los avisara en cuanto tuviera visiones de ataques terroristas futuros.

Según me contó ella, sí que tuvo una visión, una visión en verdad espantosa. Mandó por mensajería los detalles de esta revelación al FBI. Prudence asegura que los federales le dieron las gracias y que desde entonces le piden información psíquica con cierta regularidad.

—¿Qué fue lo que vio usted? —le pregunté.

Hubo un breve silencio.

—Digamos que Londres es una zona que nos tiene muy preocupados —respondió—. Es una zona que hemos estudiado a fondo y sabemos que hay motivos para preocuparse si vive en Londres.

—Yo vivo en Londres —dije.

—¡Las dos y media de la madrugada! —exclamó. Luego se rio y a continuación se puso seria—. No, en serio, no estamos autorizados para dar más información sobre esto.

—¿Hay alguna cosa más que pueda decirme? —inquirí.

—Tenemos suficientes datos para estar seguros de que algo va a pasar —aseveró—, y tenemos los suficientes datos para saber el lugar aproximado en que ese algo va a pasar.

—¿Un edificio histórico? —pregunté.

—Sí —dijo Prudence.

—¿Un edificio histórico como por ejemplo el Parlamento? —pregunté.

—No se lo voy a decir.

—No estará refiriéndose al palacio de Buckingham —dije, alarmado.

Fue en ese momento cuando mi interrogatorio desbordó la paciencia de Prudence.

—Es el zoo de Londres —masculló.

Alguien estaba a punto de detonar una bomba sucia en el zoológico de Londres, una bomba tan potente que derribaría la cercana torre BT.

—¿Cómo lo sabe? —pregunté, visiblemente afectado.

—Los elefantes —dijo.

Prudence me explicó que, en su visión psíquica, los elefantes soltaban barritos desgarradores de dolor. La imagen de los elefantes agonizantes del zoológico de Londres era la más intensa y estremecedora que ella había visualizado jamás. Prudence había formado un equipo de catorce profesionales psíquicos con sede en Carlsbad, San Diego. Los catorce, me aseguró ella, habían sentido el dolor de los elefantes.

Cuando regresé a mi casa en el Reino Unido, descubrí aliviado que, unos meses antes de que Prudence tuviese su visión, habían trasladado a todos los elefantes del zoo de Londres al parque de animales salvajes de Whipsnade, en una zona rural de Bedforshire, unos cincuenta kilómetros al norte de Londres. ¿Cómo iban a ser los elefantes víctimas colaterales de la explosión de una bomba sucia en el zoo de Londres, si ya no quedaban elefantes en el zoo de Londres?

Me pregunto si la Oficina de Seguridad Nacional de John Ashcroft ha lanzado alguna advertencia no específica de un atentado terrorista futuro basándose en información facilitada por un agente psíquico. Me pasé unas semanas intentando averiguarlo, pero no saqué nada en limpio de las llamadas que hice, de modo que me di por vencido y los agentes psíquicos se esfumaron de mi mente.

No había dedicado mucho tiempo a pensar en los agentes psíquicos hasta que mi teléfono sonó inesperadamente y el hombre al otro lado de la línea dijo que me revelaría un secreto siempre y cuando yo le prometiese que protegería su identidad.

—Vale —dije.

—¿Ha oído hablar de la visión a distancia? —preguntó.

—¿De los espías psíquicos?

—Sí —respondió—. El tema vuelve a suscitar mucho interés.

—Eso ya lo sé —dije.

Le hablé de Ed, Angela, Prudence, Uri y el misterioso Ron.

—No sabrá usted por casualidad quién es Ron, ¿verdad? —le pregunté.

—No me refiero a esos especialistas en visión a distancia —repuso—. Tienen a gente nueva que está utilizando la visión a distancia de un modo muy distinto.

—¿Cómo? —dije.

—Están sacando la visión a distancia de la oficina.

—¿Cómo dice?

—Están sacando la visión a distancia de-la-oficina —repitió.

—Vale, gracias —dije.

No tenía la menor idea de lo que me estaba contando, pero no me pareció que fuera un secreto fascinante.

—¿No lo entiende? —espetó, exasperado—. La visión a distancia ya no se practica desde una oficina.

—Ah —dije.

Creo que él ya empezaba a sospechar que se había equivocado de periodista.

—Siento no ser lo bastante listo para entender eso tan críptico que me está diciendo —me disculpé.

—¿Qué sabe de la historia de la visión a distancia? —me preguntó despacio.

—Sé que se practicaba desde una oficina —dije.

—Así es —afirmó.

—¿Y ya no es así? —inquirí, achicando los ojos.

—Oh, vamos, no me joda —farfulló—. Si ya no se practica desde una oficina, entonces...

Hizo una pausa. Tenía dos alternativas. O seguía desvelando el secreto de forma enigmática —método que claramente nos estaba irritando un poco a ambos—, o me lo decía directamente. Optó por esto último.

—Asesinos psíquicos —anunció—. Mola, ¿eh? Están enseñándoles a los asesinos de Operaciones Especiales, los tipos de Fort Bragg que salen a rastrear y matar terroristas sobre el terreno, a desarrollar sus poderes psíquicos. Antes tenían que actuar basándose en datos concluyentes, pero las cosas están cambiando. La información de los servicios de inteligencia suele ser defectuosa, así que están recurriendo de nuevo al poder de la mente.

—¿Cómo funciona eso en la práctica? —pregunté.

—Dejamos a un tipo de Operaciones Especiales solo en una selva, un desierto o una frontera —me explicó—. Sabemos que el objetivo está a algunos kilómetros de ahí, pero no sabemos exactamente dónde. ¿Qué hacemos? ¿Esperar a los aviones espía? ¿Esperar a que hagan cantar a un prisionero en un interrogatorio? Claro, esas cosas también las hacemos, pero ahora podemos complementarlas con el poder de la mente.

—¿O sea que, mientras esperan los datos concluyentes, los asesinos visualizan psíquicamente la ubicación de su objetivo y se ponen a rastrear enseguida?

—Claro —contestó—. El poder de la mente vuelve a Fort Bragg por la puerta grande.

15 DE JULIO DE 2004

Guy Savelli da señales de vida. Se le oye entusiasmado, así que doy por sentado que por fin ha habido algún avance relacionado con la operación paranormal contra Al-Qaeda. La última vez que hablé con Guy, él estaba recibiendo un aluvión de llamadas de jóvenes entusiastas de las artes marciales residentes en países del Eje del Mal que querían aprender a matar cabras sólo con mirarlas. Desde entonces, Guy ha estado esperando que las altas esferas le den luz verde para empezar a enseñarles la mirada a los terroristas y a trabajar a la vez como espía para los servicios de inteligencia, pero eso aún no ha ocurrido.

Supongo que me llama para contarme las últimas noticias sobre este asunto, pero en cambio él me dice que ha sucedido otra cosa, algo increíble. Ha recibido una llamada de Fort Bragg. Le han pedido que se dirija hacia allí «lo antes posible» para hacer una demostración de sus poderes ante un nuevo general que «sabe ver el lado espiritual».

—Voy a ir este fin de semana —anuncia.

—¿Te llevarás contigo algún animal? —pregunto.

—Sí —responde—. Quieren que lleve un animal.

—¿Una cabra? —pregunto.

—Mis recursos son limitados —alega Guy.

—¿Un hámster? —pregunto.

—Lo único que puedo decirte —murmuró Guy— es que haré uso de animales.

—¿Estamos hablando de un animal pequeño, que se puede comprar por poco dinero? —inquiero.

—Correcto —confirma Guy.

—Un hámster —insisto.

Silencio.

—Sí —contesta Guy—. Llevaré un hámster allí y les haré alucinar pepinos.

Oigo que su esposa le dice algo.

—Son ellos. Me están llamando por la otra línea —barbotea Guy atropelladamente—. Luego te llamo.

—¡Guy! —le grito—. Pregúntales si puedo ir yo también.

19 DE JULIO DE 2004

Hace cuatro días que no sé nada de Guy. Le envío un mensaje de correo electrónico para preguntarle si hay novedades, y él por fin me telefonea.

—Parece que las cosas empiezan a cuajar —me informa.

—¿Ya has ido a Fort Bragg con el hámster?

—Es más que eso —dice Guy—. Intentan conseguir que lo que hago sea información clasificada. Quieren que me introduzca más a fondo en las estructuras del ejército.

—¿A qué te refieres? —pregunto.

—Quieren que vaya con ellos a ciertos lugares. Lugares de Oriente Medio.

Le pido a Guy que me cuente más, y así lo hace.

Después de que Jim Channon escribiese su *Manual de Operaciones del Primer Batallón de la Tierra*, sus superiores lo invitaron a crear una unidad de monjes guerreros de verdad que viajasen por el mundo con sus poderes sobrenaturales. Como ya he explicado antes, Jim rechazó la oferta porque era lo bastante racional para comprender que atravesar las paredes y todas esas cosas eran ideas que quedaban muy bien en el papel pero que no eran necesariamente factibles en la vida real.

Pero ahora Guy me dice que esto es justo lo que ellos quieren que él haga. Quieren que comande una unidad de monjes guerreros en Iraq.

—¿Con qué clase de poderes estaréis equipados? —pregunto.

—Espero que con unos cuantos —dice Guy—, porque tendremos que ir desarmados.

—¿Por qué? —inquiero.

—Porque ése es el camino pacífico y amable —responde Guy—. Se trata de hombres bondadosos y cordiales. Saben que lo han hecho todo mal en Iraq. No lo olvides: los soldados de las fotos de Abu Ghraib fueron entrenados en Fort Bragg. Y la cagaron de mala manera. Saben que las cosas no pueden seguir así. Por eso me han pedido que acuda en su ayuda.

—¿Para enseñarles cómo matar gente con la mirada? —pregunto.

—No —dice Guy—. Esto es distinto. Se trata de una idea tan revolucionaria que cambiará el modo en que tratan a esos prisioneros. Piensa en lo que puedes llegar a hacer sólo con la mirada. Puedes confundir a la gente hasta tal punto que no sepan qué diablos es lo que están viendo y te revelen toda clase de información.

Guy me comenta que aún no les ha dicho a los de las Fuerzas Especiales que me mantendrá al corriente de los acontecimientos.

—¿No se pondrán furiosos? —le pregunto.

—Qué va —replica Guy—. Éste es el camino amable y benévolo. De hecho quieren que la opinión pública se entere.

—La próxima vez que vayas a Fort Bragg con un hámster —le digo—, ¿puedo ir contigo?

—Se lo preguntaré —me asegura Guy—. Cuando llegue el momento.

23 DE JULIO DE 2004

Guy me llama. Ha estado en Fort Bragg con un hámster.

—Créeme, Jon —dice—, los tipos de las Fuerzas Especiales llegaron a la reunión con una actitud muy hostil, y cuando se marcharon se sentían como niños pequeños. Están frustrados. Tienen miedo. Saben que se han metido en un lío de la hostia en Iraq. Y saben que soy su única alternativa. La proyección de pensamiento está dando resultado con esta gente. Están dispuestos, al cien por cien, a recuperar los viejos métodos.

—¿O sea que te vas a Iraq? —pregunto.

—Eso parece —responde Guy.

—¿Cuándo?

—Disponemos de un tiempo limitado antes de partir —dice Guy.

—¿Les has advertido ya que me lo estás contando todo? —pregunto.

—Qué va —contesta Guy—. Pero estarán de acuerdo. Estoy seguro de que la próxima vez podrás acompañarme. Será una excelente publicidad para ellos. Y hay otra razón por la que sé que querrán contar contigo. Si el enemigo se entera de que tenemos ese poder, se acojonarán. —Hace una pausa—. Les hablaré de ti mañana —me asegura.

28 DE JULIO DE 2004

Llevo toda la semana intentando telefonear a Guy Savelli, pero en vano. No me devuelve las llamadas.

29 DE JULIO DE 2004

Le dejo a Guy más mensajes en su contestador automático. Le pido que me diga si les ha hablado ya de mí y, en caso afirmativo, cómo han reaccionado.

Guy no da señales de vida.

Imagino que la noticia no ha sido bien recibida.

Agradecimientos y bibliografía

Quiero dar las gracias a todos aquellos que me concedieron entrevistas para este libro, y en especial a Jim Channon, el general Stubblebine, Guy Savelli y Eric Olson. Atosigué a Jim tan a menudo durante los últimos dos años —para pedirle fechas, copias de su manual, recuerdos, confirmaciones de nombres y lugares— que en cierto momento me envió un mensaje de correo electrónico en que me decía, exhausto: «¿Por qué me siento como el chico de los recados de mi propia historia?» Aun así, siempre me proporcionó la información que le solicité.

Jim me dio permiso para reproducir un dibujo del *Manual de Operaciones del Primer Batallón de la Tierra*, y también le doy las gracias por ello.

Aunque hasta ahora se había escrito poca cosa sobre el Primer Batallón de la Tierra, *Mind Wars*, de Ron McRae (St. Martin's Press, 1984), contiene algunas páginas con información relevante sobre Jim, y un par de párrafos de los que me he apropiado.

Le agradezco a Tony Frewin (de la revista *Lobster* y administrador del patrimonio de Kubrick) que me regalara su ejemplar de *Remote Viewers: The Secret History of America's Psychic Spies*, de Jim Schnabel (Dell, 1997). Este libro me proporcionó una información muy valiosa sobre los antecedentes de lo que relato en los capítulos 5 y 6, al igual que *How Mumbo-Jumbo Conquered the World*, de Francis Wheen (Fourth Estate, 2004) y mis conversaciones con Skip Atwater y Joe McMoneagle, las dos figuras más destacadas de la unidad de espionaje psíquico de Fort Meade.

Le doy las gracias a John LeCarré por aconsejarme que leyera *In the Time Of Tyrants: Panama: 1968-1990*, de Richard M. Koster y Guillermo Sánchez (W. W. Norton & Company, 1991). Todo lo que hay que saber sobre la relación de Panamá con la inteligencia militar se encuentra en dicho libro.

Las divertidas y conmovedoras memorias de Prudence Calabrese, *Intentions: The Intergalactic Bathroom Enlightenment Guide* (Imprint, 2002) me ayudaron a reinterpretar la accidentada historia de su vida de adulta, y las recomiendo encarecidamente. Bueno, las partes sobre su vida las recomiendo sin reservas; las relativas al alienígena en el baño las recomiendo con reservas.

Le estoy agradecido a Kathryn Fitzgerald Shramek por autorizarme para reproducir la fotografía del cometa *Hale-Bopp* y el objeto «acompañante» hecha por su difunto marido.

Fue un placer ver de nuevo los extraordinarios documentales *Waco: Rules of Engagement* y *Waco: A New Revelation*. Quiero darle las gracias al productor, Mike McNulty, por mandármelos. Los fragmentos de las negociaciones con el FBI del capítulo 12 son transcripciones de diálogos de estos excelentes filmes.

Reconstruí la historia de Frank y Eric Olson sobre todo a partir de mis conversaciones con el segundo, pero algunos párrafos se basan en el artículo que su amigo Michael Ignatieff publicó en el *New York Times*, «What Did the CIA Do To Eric Olson's Father?» (1 de abril de 2001), así como en «The Sphinx and the Spy: The Clandestine World of John Mulholand», de Michael Edwards (*Genii*, abril de 2001) y en la página web, meticulosamente documentada, del propio Eric, *www.frankolsonproject.org*. El texto de Ignatieff me resultó especialmente útil.

Eric me permitió reproducir dos de sus fotografías, y se lo agradezco. He sido incapaz de localizar a Ed Streeky, propietario del *copyright* de la tercera fotografía, la que apareció en la revista *People* en 1975 y muestra a la familia en su casa tras la reunión con el presidente Ford.

Encontré la información sobre Artichoke en *Sueños de ácido: historia social del LSD, la CIA, los sesenta y todo lo demás* de Martin A. Lee y Bruce Shlain (Castellarte, 2002).

Quiero dar las gracias, como siempre, a Fenton Bailey, Rebecca Cotton, Lindy Taylor, Tanya Cohen y Moira Nobel de World of Wonder, así como al sumamente paciente Peter Dale de Channel 4. No podría haber contado con un apoyo más entusiasta dentro de la cadena que el que me brindaron Peter y Tim Gardam, el director de programación ahora jubilado, y su sucesor Kevin Lygo.

Ursula Doyle, mi editora de Picador, en Londres, y Geoff Kloske, mi editor de Simon & Schuster, en Nueva York, estuvieron geniales, como siempre, al igual que Adam Humphries, Andrew Kidd, Camilla Elworthy, Stephanie Sweeney, Sarah Castleton y Richard Evans, de Picador, y Derek Johns, de A.P. Watt.

Por encima de todo quiero darles las gracias a Andy Willsmore, David Barker y, especialmente, a John Sergeant, a quien dedico este libro. Su labor de documentación y orientación se trasluce en todas y cada una de estas páginas.

Índice